幸福婚姻的秘密

人类的情感常态调查

克里桑娜·诺斯鲁普

[美] 佩珀·施瓦茨　　　　著

詹姆斯·维特

　　郑炯琳　　　　　　　译

東華大學 出版社

图书在版编目（CIP）数据

幸福婚姻的秘密：人类的情感常态调查／（美）克里桑娜·诺斯鲁普，（美）佩珀·施瓦茨，（美）詹姆斯·维特著；郑炯琳译 . —上海：东华大学出版社，2021.5

书名原文：THE NORMAL BAR: The Surprising Secrets of Happy Couples and What They Reveal About Creating a New Normal in Your Relationship

ISBN 978-7-5669-1896-3

Ⅰ . ①幸… Ⅱ . ①克… ②佩… ③詹… ④郑… Ⅲ . ①婚姻－通俗读物 Ⅳ . ① C913.13-49

中国版本图书馆 CIP 数据核字（2021）第 102954 号

幸福婚姻的秘密：人类的情感常态调查
XINGFU HUNYIN DE MIMI : RENLEI DE QINGGAN CHANGTAI DIAOCHA

克里桑娜·诺斯鲁普　佩珀·施瓦茨　詹姆斯·维特　著

郑炯琳　译

策划编辑／　李　晔
责任编辑／　高路路
出版发行／　东华大学出版社有限公司
　　　　　　地址：上海市延安西路 1882 号　邮编：200051
　　　　　　电话：021-62193056
　　　　　　网址：http://dhupress.dhu.edu.cn/
印　　刷／　天津光之彩印刷有限公司
开　　本／　880 毫米×1230 毫米　1/32
印　　张／　10.25
字　　数／　276 千字
版　　次／　2021 年 5 月第 1 版　2021 年 5 月第 1 次印刷
ISBN 978-7-5669-1896-3　　　　　定价：56.00 元

名人推荐

《幸福婚姻的秘密：人类的情感常态调查》充满着对婚姻关系各个层面的发现与见解。书中讨论性爱、携手同行、承诺以及婚前协议等内容。来自世界各地 10 万余名受访者对作者视角独特、内容全面的网络调查进行了回应，为我们了解什么是"正常"的恋爱关系打开了一扇窗。研究及结果令人印象深刻！

——特里·L. 奥尔布什博士（Terri L. Orbuch）
畅销书《再次寻找爱：建立新的幸福关系的 6 个简单步骤》
（*Finding Love Again: 6 Simple Steps to a*
New and Happy Relationship）一书作者

一见钟情的夫妻数十年后是否依然幸福？婚姻不幸的人们的欲望清单上排在首位的会是什么？在长久的婚姻中，不再接吻是否正常？在本书中，我们得以了解其他人关于婚姻的态度、行为和诉求，了解那些我们可以付诸实践并提升婚姻关系质量的秘诀。

——霍安·普赖斯（Joan Price）

《裸体时代：勇敢谈论老年性爱》

（*Naked at Our Age：Talking Out Loud about Senior Sex*）一书作者

金钱？性爱？潜藏至深的暗黑秘密？**如果你想知道自己的婚姻关系同世界上的其他人有何不同，本书将为你提供一次全面的情况通报**——最为重要的是，该书传递出这样的信息：让婚姻朝着更为健康和幸福的方向发展并非不可完成的任务。

——吉纳·奥顿（Gina Ogden）博士

《欲望的回归》（*The Return of Desire*）

《性爱的核心与灵魂》（*The Heart & Soul of Sex*）等书作者

《幸福婚姻的秘密：人类的情感常态调查》是一部富有革新性且简单易读的作品，充满了关于两性关系的新奇调查结果以及改善两性关系的有益建议。我会在自己的课堂上、论文里以及临床工作中引用该书所提及的重要发现。

——霍华德·J. 马克曼（Howard J. Markman）博士

《捍卫婚姻》（*Fighting for Your Marriage*）一书作者

《幸福婚姻的秘密：人类的情感常态调查》不仅采集了大量令人惊讶的数据信息，更是我所读过的有关建立更幸福、更健康的婚姻关系的最具见解的指南之一。我受到作者研究结果的极大鼓舞和安慰。这是一本非常棒的书！

——梅尔西·希莫夫（Marci Shimoff）

畅销书《无来由的幸福》（*Happy for No Reason*）一书作者

《女性心灵鸡汤》（*Chicken Soup for the Woman's Soul*）一书合著者

客观事实永远胜过主观臆断。**本书收集了很多令人惊叹的事实。**鉴于作者们的调查——这是超越任何一个婚姻关系调查的巨大飞跃——《幸福婚姻的秘密：人类的情感常态调查》标志着两性关系咨询类书籍的转折点。**在我学习恋爱关系的 30 年里，这是唯一的一部真正教会我某些新事物的书籍。**

——格雷格·戈德克（Greg Godek）

畅销书《浪漫的 1001 种方式》

（*1001 Ways to Be Romantic*）一书作者

这部非凡的著作通过成千上万项调查找寻夫妻幸福的源泉，**除了其娱乐性与启发性外，还有助于多数情侣改善两性关系。**

——芭芭拉·雷斯金（Barbara Reskin）

美国社会学协会前任会长

这是一部关于女人、男人、性与爱的全球性概览。在这部作品中，你会学到某些简单易行的举动（譬如为伴侣读书），从而建立深厚的亲密关系；学到在约会之夜，通过赞美与欢笑让爱情保鲜。你还将学到昵称和公开示爱所能触发的浪漫感受。**该书兼具学术性、趣味性与智慧，此外还提供了绝佳的建议。事实上，在你阅读此书之后，你将没有任何借口不去完善自己的婚姻关系。**

——海伦·费雪（Helen Fisher），罗格斯大学人类学教授

《我们为何相爱：浪漫爱情的本质与化学反应》

（*Why We Love：The Nature and Chemistry of Romantic Love*）一书作者

此书引人入胜，令我深深为之着迷！结婚 19 年，当我面对着离婚与约会的全新世界，我的内心充斥着一大堆何为正常、何为反常的疑问。**此书不但回答了我对两性关系的所有疑问以及人们真正想要了解的一切问题，而且让我重新相信人性的本真。真是太棒了！**

——琳达·斯沃森（Linda Sivertsen），作家

《和平世代》（*Generation Green*）一书作者

畅销书《美丽大计划：书籍创作》

（*Your Big Beautiful Book Plan*）合著者

在谈及两性关系时，对于所有想要知道是否有可能定义"正常行为"的人而言，答案是肯定的。**本书深入探究亲密关系、交流、吸引力等问题，并在讨论中将令人信服的研究数据与深刻的见解融入其中。其研究结果既引人注目又令人欣慰。**该书作者向我们证

实：尽管我们在许多方面存有差异，但就本质而言，我们都是极为相似的。

——查拉·马勒（Charla Muller）

《365 夜：亲密关系实录》

（*365 Nights：A Memoir of Intimacy*）一书作者

在两性关系中，是做一个正常人让你感到幸福还是幸福的人都是行为正常的人？**这本引人入胜却又非同凡响的著作提供了详细而微妙的解答**……从关系的形成直至如何应对分手，此书提供了独特的工具，为个体与夫妻、临床医生与决策者提供了有益信息。强烈推荐！

——吉尔伯特·赫特（Gilbert Herdt）

加利福尼亚综合研究所人类性行为硕士研究项目主任、教授

序言

　　我和丈夫马克（Mark）已经一起生活了十多年，这些年我们慢慢质疑婚姻关系是否还能给我们带来快乐。那时，我们都围着工作、家庭，以及三个孩子团团转，几乎无法把更多的精力留给自己，更别说留给对方。我记得当时我在想，这样发展下去我们会相安无事吗？由于很想知道这样的状态是否正常，我询问了身边一些也结婚十多年的好友，想了解他们关于夫妻关系的感受与看法。我惊讶地发现，他们当中有不少人正在婚姻生活中苦苦挣扎。其中一位朋友透露，她已经有半年时间没有和丈夫有过性生活了。半年！这样的状况肯定不能算是良性的夫妻关系。那么，我要评判的对象是妻子还是丈夫呢？马克和我也有着一系列的婚姻问题。我也很清楚，我们的婚姻常态比我们敢于承认的那一部分要痛苦得多。难道这就是每个人一边抚养孩子，一边做全职工作所付出的代价吗？如果没有进一步探究就接受现实，就太令人沮丧了。我也相信有些结婚多年的夫妻，他们的婚姻常态令他们感到幸福和快乐。假如我可以找到他们，我和马克或许可以向他们学习那些为了创造更优质婚姻常态所必须做的事情。但怎样才能够找到这些幸福的夫妻呢？和许多女性一样，我过去总是把婚姻中的幸福和电影中的梦幻场景混为一谈——男人们抱起爱人转着圈，嘴里说着自己有多爱她，失去她就活不下去之类的话，接着用无穷无尽、令人折服的性爱来证明这一切。然而，尽管我希望这些画面能够成真，但内心还是潜藏着一丝怀疑，认为这是不切实际的。我深知，必须找到一些婚姻美满的人——如果世上还有这类夫妻的话。我想了解他们婚姻美满的秘诀。他们的性生活如何？如何年复一年地保持着恋爱的感觉？如何长期保持性满足感？如何保持信任和坦诚？如何避免争执？又如何在争执中让婚姻得以延续？即便因家人、朋友或工作而不断产生矛盾，他们如何保持俏皮、深情以及深层次的联结感与浪漫？如果我能收集到这些秘诀与见解，知道哪些信息对婚姻有益、哪些无益，我和马克就能制定指导方案，开始重塑我们的关系。

可是我在所有的书籍、网站和社交媒体上都没有找到想要的答案，唯一可行的方式似乎只剩下亲自找到这些幸福夫妻，并直接向他们讨教。幸运的是，马克支持这项提议，因此，这一想法很快就被付诸实践。

我首先联系了国内两位顶级专家——婚姻关系专家佩珀·施瓦茨（Pepper Schwartz）博士和社会科学研究员詹姆斯·维特（James Witte）博士，并与他们分享了我的想法，请求他们帮助我创建一项交互式的网络调查，用来比较全球范围内人们的婚姻关系。然后，我们着手编写关于婚姻关系内部运作机制的调查问题。例如，你的头号性幻想对象是谁？你向配偶隐藏了哪些秘密？你有过外遇吗？你最想从伴侣身上得到却总是求而不得的是什么？不知不觉中，我们居然编写了 1 300 个问题！我只知道这些答案不仅对我的婚姻有帮助，也能帮到我身边不幸福的朋友和对婚姻产生困惑的人。

我们之后想要了解幸福夫妻的婚姻日常，并将他们的常态与幸福感欠佳的夫妻的生活日常进行对比。我们计划收集大量数据，然后根据年龄、性别、关系持续的时间长短、种族、收入、宗教、家庭规模与国籍对各组受访者进行归类和比较。这一研究方法将向我们揭示诸如经济、文化影响、子女养育等因素是如何影响两性关系的。

幸运的是，施瓦茨博士、维特博士和我一样对答案充满好奇，看到了对比积极常态与消极常态时，值得挖掘的信息潜力。但是，如何才能获得大规模的数据呢？拥有 7 000 万全球读者的《读者文摘》(Reader's Digest) 同意成为我们第一个媒体合作伙伴。几个月之内，维特博士的团队采集到 25 000 多名受访者的信息，其中包括许多真人真事。维特博士凭借前所未有的调查技术对数据结果加以分析并得出了结论。

在整个过程中，我们选择了一系列工具，我和马克已着手将这些工具运用于我们的婚姻关系中。事实证明，这些技巧与做法是非常简单且极其有效的！通过学习调查数据，对我们认为的正常选择、互动形式和日常活动进行简单的调整，我们重塑了婚姻关系并且重新点燃了对婚姻的希望。和以往任何时候相比，我们都更为相爱，更为幸福。我们的婚姻新常态折射出我们双方一直都想要的婚姻模式，那便是两个人在一起都应该感到快乐、健康与满足。在实践的过程中，我们的团队相信这些工具也可以帮到其他夫妻。

尽管此时我们的项目还未开始，但施瓦茨博士、维特博士和我预计《幸福婚姻的秘密：人类的情感常态调查》一书有望成为两性关系的重要参考资料。我们将详细揭示：人们如何共处；伴侣的选择如何影响性生活的和谐；夫妻能否感受到来自对方的宠爱与赞赏；如何看待自己；是否能在两性关系中感受到来自伴侣的平等对待与相互尊重。我们将审视夫妻间的沟通方式、亲密关系以及个人健康、持家之道、理财方式等。换言之，我们将剥离婚姻生活的表象，深入挖掘人们在婚姻关系中各个重要层面的行为活动。读者可以获得一系列有关婚姻的见解与工具，这么做并非是我们认为所有人都应该在通常意义上变得更接近婚姻常态值，而是为了让你们看到概率的范围，继而创造出专属于你们的、更有成就感的"婚姻新常态"。

互联网为我们按照既定的调查范围发出问卷并保持科学相关性提供了调查途径。如果退回到 20 世纪 70 年代，雪儿·海蒂（Shere Hite）发出了 10 万份问卷，却只能依据仅有的 4% 的问卷反馈撰写其有关女性性行为的著名报告——《海蒂性学报告：女人篇》(*Hite Report on Female Sexuality*)；马斯特斯和约翰逊（Masters and Johnson）夫妻的经典巨著——《人类性反应》(*Human Sexual Response*)与《人类性功能障碍》(*Human Sexual Inadequacy*)则依据 510 对夫妻的亲密行为撰写而成。相较之下，现代网络技术的发达让我们得以面向全球，接触数万名个体，探究比过往调查更为深入的受访者的态度、习俗以及信念。

我们邀请美国在线公司（AOL）、《赫芬顿邮报》(*The Huffington Post*)和美国退休人员协会（AARP）作为合作伙伴，并将调查结果翻译成多种语言。当维特博士开始处理本书所采用的数据信息时，我们已从全球 7 万多名个体和 170 万个数据节点中获取了大规模的突破性数据。而调查仍在如火如荼地进行着！

我们深信本书将以一种良性的方式改变人们的生活！因为它已经改变了我和丈夫的生活。每对夫妻都应该得到幸福，因此继续往下读，收获你的婚姻新常态吧！

克里桑娜·诺斯鲁普

"幸福婚姻的秘密"问卷创建者、本书合著者

目 录
Contents

1

第二部分　再相识

第三部分　终相守

第一部分
初 相 遇

GETTING TOGETHER

第 一 章

什么是幸福婚姻的秘密?

A："我通常用钥匙开门。"

B："好吧，我努力做到与众不同。"

你处理两性关系的方式是否符合常态？

假如你与我们调查中的大多数人一样，那么对于这个问题的答案就是否定的。至少，你希望自己的处理方式是不同寻常的。我们听到的最多的答案是"正常是很乏味的，而我不是无聊的人"。事实上，不少人向我们透露，他们竭力地想摆脱"平庸"。

但假设我们问道："在与另一半的互动过程中，多数情况下你是否感到非常快乐，性生活也得到极大满足？"如果常态值代表幸福快乐和性满足，那么你或许就愿意做出肯定的回答。接下来的第二个问题是"你如何才能获得或维持这一生活常态？换言之，现实生活中什么才是幸福婚姻的关键？"

幸福婚姻的秘密
为您提供婚姻指南和关系改善工具，以便您可以尽可能地接近或远离某种婚姻常态。

此类问题都是本研究的核心问题。我们向全世界的人们发问：第一，何为婚姻中最普遍的态度与做法？或者说，常态分布的取值由何构成？第二，婚姻美满与婚姻不合的夫妻在常态值上有哪些典型差异？第三，我们可以从针对婚姻常态的不同见解中学到什么，用以帮助人们改善他们的关系？

正如你即将从我们的研究发现中看到的那样，我们认定人们私下会做的事往往与其实际行为大相径庭。文化刻板印象以及媒体对浪漫和诱惑的幻想与婚姻中真实发生的情况几乎毫无关联，因为行为举止会随着时间的推移而改变，也会因为跨越地理边界而有所不同。因此，我们的目标是经由并超越常见的假设，深入挖掘以便找出恋爱与家庭习俗的典型差异，以及不同的行为解读与个体幸福和婚姻幸福的相关性。例如：

💘 普通夫妻亲吻是每天一次／每周一次／每月一次，还是更少——亲吻的频率是否与婚姻满意度相一致？

💘 每个人都拥有很频繁的性生活吗？还是除了新婚夫妻之外，这一亲密程度对每个人而言都极为罕见呢？

💘 金钱是否仍可预测婚姻中谁才是规则的制定者？还是随着女性成为越来越重要的劳动力，这种情形已得到根本性的转变？

💘 我们向伴侣撒谎的频率有多高？诚实真的是维持家庭和睦的最佳方式吗？

我们创建了一份史无前例的互动式调查（详见附录，了解精确的研究方法），用以向每一位参与者就上百个关于双方相处和谐、浪漫与爱情、沟通方式、性生活、金钱、日常决策权以及情感纽带等方面的内在运作机制进行发问。然后，我们将调查问卷挂在拥有数百万用户的网站上，如美国退休人员协会、《赫芬顿邮报》《读者文摘》官网和美国在线等，并从中采集到来自全球 7 万多名男女的调查数据（受访对象遍布加拿大、英国、法国、意大利、西班牙、匈牙利、澳大利亚、新西兰、菲律宾和中国等多个国家）。随着数据源源不断地注入，我们勾画出了全球行为模式图谱并测算了其典型模式及其均值，以便读者能够精准定位他们在个体幸福和婚姻幸福常态值中的排列位置。

请将此项调查视为工具，用以比较自身婚姻生活的各个不同领域与其他人（相同年龄、性别或文化群体）典型行为的异同（我们将为你拆解这些群体的行为规范，你可能会因为他们之间存在的差异而感到惊诧）。后续章节将会检视影响夫妻生活幸福度和整体满意度的方方面面，从在一起的头几周、头几个月，到日复一日的生活劳顿，再到危及他们地久天长的危机与挑战。假如你发现自己某一方面的婚姻日常对两性关系毫无帮助，你也可以借助《幸福婚姻的秘密》，看看什么方法对其他人而言最为有效。

为了实现信息效用最大化，我们还将在每一章节提供简单的工具或练习，帮助你和伴侣消解压力，减少冲突，减轻怨恨。常态化行为习惯往往根深蒂固，但值得欣喜的是，倘若大多数夫妻能够主动做出选择，他们在任何年龄都可以通过重建婚姻行为规范而重燃爱火。本书将为你的转变提供实用性建议。

别担心，我们无意强调"符合常态"才能拥有热闹的爱情生活，但我们将向你展示哪些行为举止往往能够造就幸福夫妻。随后，你可以根据自身的实际状况，采用这些信息来重新评估和改良自己的婚姻关系。我们的目的仅仅是为你提供行动指南和操作工具，帮助你将个体生活日常引入心之所愿之地。

《幸福婚姻的秘密》的运作机制

> 倘若我放任自流，那么终将一事无成。
>
> ——女性，38 岁，婚后 12 年分居

让我们通过一个简化版的真实生活案例来了解本研究的运作机制。请看鲍勃（Bob）和安德莉亚（Andrea）：全职工作父母，有一

"亲爱的，你是不是想告诉我什么？"

个 12 岁的儿子杰克（Jack）。过去的 13 年里，安德莉亚承担了全家的洗衣任务。她觉得这是理所当然的，因此她在常态调查中的定位是明确的：她承担了 100% 的家庭洗衣工作。与之相反，鲍勃和杰克所承担的责任则为 0。

但年复一年，安德莉亚已对这一生活状态感到厌恶。她没有抱怨也没多说什么，但每次鲍勃和杰克问她要干净袜子时，她就开始抓狂。与此同时，男士们却不明白到底怎么得罪她了。这似乎只是

安德莉亚 100%

鲍勃和孩子 0

沟通前的家务分工

一件微不足道的事。他们无视安德莉亚越来越强烈的躁怒，而这进一步加深了她的憎恶程度。当鲍勃找不到他的拳击短裤时，仅仅因为问了一句，安德莉亚就开始向他发难。屋子里的氛围越来越糟，可他们三人都不清楚为什么会这样。他们都认为让为人妻为人母的一方来负责全家的洗衣任务是正常的，因此并没有什么大不了的。但事实真是如此吗？

气急败坏的安德莉亚向她的女性朋友们发起调查，询问她们是否承担了家里所有的洗衣任务。她了解到，虽然大多数妻子都洗衣服，但实际上有一部分丈夫也承担了这项任务，还有些丈夫与妻子平摊家务；在某些情况下，家中年长的孩子甚至也会搭把手。最重要的是，仅从这一次小规模抽样调查，安德莉亚就能明白许多共同分担家务的夫妻似乎比妻子承担了全部家务的夫妻过得幸福。不同的婚姻常态不仅是可能存在的，而且这一不同的婚姻常态似乎在方方面面都比原来的要好！带着这一认识与见解，安德莉亚找到了继续前行的新方法。

她鼓起勇气告诉丈夫和儿子她从朋友那儿学到的一切，以及她对洗衣服的感受。令她惊讶的是，鲍勃和杰克松了一口气，因为这个问题比他们预想得好一些。鲍勃一度认为安德莉亚是对他或他们的婚姻感到不满，从未想过她只是厌烦了每天洗衣服。那么，最终的解决方案是什么呢？鲍勃和杰克同意分担这部分责任，安德莉亚的新常态只是她以往职责的三分之一，这是她在继续日常生活的基础上能够欣然接受的。

沟通后的家务分工

请打开《幸福婚姻的秘密》的工具包

倘若某事已成为其中一方厌恶至极的行为，那么，再小的事情都有可能侵蚀甚至毁灭一段婚姻。清醒地意识到不同生活常态存在的可能性是迈出解决问题至关重要的第一步，而头脑中具备清晰的备选方案则会使得改变的过程不那么令人恐惧。然而，要从建立已久的规范准则突然大跨度地转变为更优模式并不容易。积习难改，况且对方也不一定和你一样愿意做出改变。这正是我们在每一章节都提供调查个案、建议以及解决工具，以便帮助你和伴侣适应婚姻新常态的原因。

书中的建议均是受访者在提升自身婚姻整体满意度与性联结过程中最常使用且最行之有效的策略与训练方式。在进行数据分析并听取了幸福夫妻化解矛盾之道后，我们惊讶地发现许多做法简单易行，可以轻易地融入日常生活。再细微的改变都有可能产生巨大的转变，都有可能把夫妻间讨厌的习惯模式转变为有利于夫妻双方及其婚姻关系的模式。在阅读过程中，你或许觉得某些工具平淡无奇，但不同寻常的是当它们真正被使用之后所带来的巨大变化。譬如，知道对方乐意听到"我爱你"是一回事，而你真正说出"我爱你"却是另一回事。看似微小的变化可能造成完全不同的结局：可能从今往后一同幸福生活；可能导致婚姻的分崩离析；更糟糕的是，也有可能生活在一起却从未体验过完全的满足。

我们拿个人卫生做个类比。人们常说与不用牙线的人相比，使用牙线的人牙齿出现黑斑和蛀牙的概率较低。但假设我们调查了成千上万人后得知，没有每天使用牙线的人牙齿坏掉的可能性将高出75%。或许此前你知道使用牙线对牙齿有益，因此时不时也会使用；但听说了这组惊人的数据后，难道你不考虑将每日使用牙线作为新的生活常规吗？"婚姻卫生"中的细微变化也有可能对夫妻婚姻产生巨大影响。

　　本书的核心思想旨在通过向人们提供全新且具说服力的数据，以此强调某些行为的重要性。我们将分享世界各地人们的见解和经验，虽然构建新常态的建议和策略看似简单，但是请别怀疑它们助力你实现真正改变的潜力。

　　让我们现在就开始吧！

第 二 章

在一起的人，是不是你最爱的人？

"看见她的那一刻，我就知道我们的缘分是上天注定的。

这就是一见钟情。"

这听起来很浪漫吧！这种触电般的瞬间是爱情故事的重要组成

部分，我们中的许多人在成长的过程中也相信这就是"真爱"最为真实的表现。因此，我们想知道这样的瞬间在现实生活中是否真实存在？

答案是肯定的！至少在我们的调查中，有 28% 的女性和 48% 的男性相信一见钟情。性别间的巨大差异也许会让你大吃一惊，但却与其他研究结果一致：事实上，男性比女性更浪漫，更容易因为未来伴侣的容貌而爱上对方，也更容易因为极端的性吸引而体验到爱。女性则往往更为谨慎，大多数女性需要更深入地了解对方的性格与背景后，才允许更深层的情感发展。

> **历久弥坚的激情**
> 步入中年后，一见钟情的夫妻更有可能对彼此的性生活感到满意。

在一见钟情的故事里，我们重视的是什么？这股瞬间的电流是否与更幸福的长期关系存在相关性？我们的研究表明，结果并不完全吻合。与那些一见面就被爱情闪电击中的人一样，渐入爱河的情侣们也可以幸福地生活在一起。

但爱情最初的那道闪电在一个关键性领域留下了永久性影响：与感情慢慢升温的情侣相比，一见钟情的人声称对目前性生活感到满意的可能性更高——即便是共同生活了几十年之后！事实上，对这一性生活的益处汇报得最多的群体是年龄介于 45 岁至 54 岁之间的中年男女。这或许能说明两性关系早期就已具备的强烈性吸引力对于出生于"婴儿潮"晚期（20 世纪 60 年代生育高峰时期）的这一代人尤为重要。更有可能的是，这说明一见钟情是性兴趣的有力测试标准，经得起时间的考验。

你和灵魂伴侣在一起了吗?

爱情当然不仅仅是吸引，也不仅仅是性生活带来的满足感。和谐也是爱情的关键因素。从小到大，我们不断从童话故事、迪士尼电影、爱情小说和家庭中接收这样的信息："真正"的爱情取决于我们能否找到那个"真正"上天注定的人，也就是我们的灵魂伴侣。

但灵魂伴侣是什么？

"我们是如此紧密相连……"

　　灵魂伴侣一词近来十分盛行，这一概念广为流传且备受推崇。我们发现，大多数人认为灵魂伴侣是两个"为对方而生"，属于彼此的人。但除了这一层归属感外，还有一些重要的概念变体。

　　如此说来，相信自己和灵魂伴侣在一起的人会对自己的性生活更满意吗？是的！在与灵魂伴侣结合的群体中，82%的男性和83%的女性表示他们对性生活极为满意。当然，优质的性爱可能是一开始就将伴侣认定为灵魂伴侣的标准之一，但婚姻生活的整体幸福感也同等重要。如果拥有灵魂伴侣意味着性生活和情感生活和谐同步，那么，我们的调查结果表明全世界还是有许多幸福夫妻的。

伴侣的生理指征和情绪指征

> **注意**
>
> 在结婚6年之后，有20%的男女认为自己的伴侣依然能像新婚时一样具有魅力。

　　我们都曾见过那些一目了然就是灵魂伴侣的夫妻——他们说出对方想说的话，宠溺地看着对方，怎么看都觉得十分般配。但也有另外一些夫妻，似乎总是不停地念叨、不停地争吵，满怀愤怒地朝对方比画或指责。我们都认为他们生活在一起痛苦不堪，但最终却发现这恰恰是他们维系感情的有效方式。事实就是：没有人能够评判他人的婚姻是否幸福，或是从外在角度推断他们是否应该在一起。因此，我们决定让情侣们从自身角度向我们解释婚姻的维系因素。

以下是调查中高居榜首的生理指征与情绪指征，它们能大幅改善两性关系的整体联结感。

你对伴侣具有外在吸引力吗?

我们欣喜地发现多数（74%）受访者表示自己对伴侣而言极具吸引力。但较为遗憾的是，22% 的情侣表示自己的吸引力"今非昔比"，另有 4% 则完全对自己感到幻灭。似乎一段感情持续的时间越长，性火花就越微弱。婚姻第一年中有 92% 的人表示他们觉得对方极具吸引力。婚后 5~9 年中只有 68% 的人报告了同等水平的吸引力。无独有偶，我们的调查显示，这期间夫妻们保持体型和吸引力的努力程度也大幅下降。但在第 9 年之后，下降速度渐缓，以至于相处 21 年乃至更长时间之后，仍有 58% 的人觉得对方极具吸引力。

接下来请看一组意想不到的数据：婚姻不和谐的夫妻中，仍有 57% 的人认为伴侣极为迷人。即使是那些讨厌目前性生活状态的男女，仍有 55% 的人对自己的伴侣感到着迷。显然，尽管外表是个人整体形象的一部分，但外表无法挽回一段在其他方面出现问题的感情。这个道理对于男女双方同等适用。

另外，我们惊讶地发现许多人并不看重外表。有五分之一婚姻幸福的人表示自己对于伴侣已不具备吸引力，但依旧在婚姻中感到极其幸福。这一现象代表了一小部分人的观点，对他们来说，外表已经退居其次。随着时间的流逝，有些人自然而然地会对伴侣的性感或外表失去兴趣，但诸如陪伴、心智启发、幽默以及情感安慰等其他因素却在伴侣相处中发挥着更大的作用。但这种情形相对复杂，若非双方都认同，吸引力与性渴望仍是影响婚姻幸福的重要因素。

缔造和谐关系的究竟是共性还是差异？

以下是两种不同的观点：一种观点认为你与对方的共同点越多，婚姻关系就越和谐；另一种观点则认为你与对方的共同点越少，对彼此的吸引力就越大。究竟孰对孰错呢？针对这一话题的许多研究都倾向于夫妻间的共性所发挥的作用最大。但依据我们的调查数据来看，两种观点各有道理。

个性完全不同的夫妻往往独立生活，没有太多可以互相分享和令人满意的交集。但性格极为相似的夫妻除非是一同努力尝试，否则不太可能向彼此引荐新事物。我们来看看共性与差异分别会对夫妻幸福产生怎样的影响。

你与对方性格相似还是性格互补？

我们从向人们提问开始，看看他们觉得自己和伴侣的性格是相似的还是互补的。多数人觉得自己与对方个性互补。在测评这些个性互补的夫妻后发现，多数人（75%）都会对婚姻不太满意。那么认为自己与对方个性相似的人群，他们的婚姻状况又如何呢？他们中有高达95%的人表示婚姻极其幸福。在他们看来，性格相似有利于巩固婚姻关系。

调查表明，与个性极为相似的人相比，性格不同且鲜有共同爱好的人更难将对方当作伴侣对待。但这并不意味着如果你与对方性格不同，你就会将自己置于灾难之中。相反，你必须承认并尊重这些差异，努力寻找共同的目标、共同的乐趣与共同的观点。某些差异的确很有意思，但如果双方毫无共同之处，彼此就将日渐疏远。

相同的宗教信仰会让婚姻有所不同吗？

选择伴侣时，宗教信仰往往是人们考虑的一大因素，因而我们想知道宗教信仰不同的夫妻是否会产生更多的关系摩擦。多数人（80%）认为宗教信仰差异不会损害夫妻关系。他们都可以独立地进行信仰选择，这对婚姻的整体幸福似乎并无影响。多数夫妻表示支持彼此的信仰选择。

教会与社群对人们的社交生活、家庭生活以及宗教生活影响深远。因此，宗教差异可能会给一方归属于教会而另一方不是的夫妻带来更大的挑战。

共有的社会或政治观念会成全还是破坏婚姻关系?

政见与激情
三分之二的夫妻不赞同彼此的政治观念。这些夫妻中有不到10%的人认为这将严重影响婚姻关系。

对社会或政治热点持有不同观点确实有助于双方进行有趣的思想交流。但要是与政治观点截然不同的人共同生活，情况又当如何? 当我们深入探究这一问题时，首先让我们感到惊讶的是，所有受访者中，仅有三分之一的人确实与对方持有相同的社会或政治观念。那剩下的近67%的人又如何处理观念差异呢? 结果比你所能预想的情况要好。政见不同的夫妻中有59%的人表示不同的观念不会引发婚姻问题。只有9%的人表示观念差异的确使得家庭关系变得紧张。很显然，夫妻即便对宏观世界如何运作观点相悖，也可以做到和平共处。

也许这都取决于这些观点对每个人的重要程度以及他们讨论观点的方式——是激烈地争辩还是互相尊重。必须指出的是，政见不合的人在交谈中有必要注意交谈的"政治策略"。有些人懂得委婉地表达赞成或反对，有些人努力恭敬地倾听并明确避开某些危险话题。

我从对方身上求而不得的是……

我爱她，至死方休，但我总想有一点独处的时间。我喜欢一个人四处游荡，远离人潮。但我现在没法像过去那样做了。

——男性，25 岁，未婚，恋爱 5 年，没有孩子

我很高兴，能和我所信赖的好男人一起生活，但我们之间没有亲密的身体接触，这对我而言很难接受。

——女性，42 岁，恋爱 12 年，没有孩子

没有沟通，没有共同的兴趣，没有共同的目标或世界观，以及令人失望的性关系。

> **男性想得到更多的……**
> 男性最想得到的是更多的性吗？不是性，而是沟通与交流。

——女性，29 岁，结婚 6 年，没有孩子

我的男友让我做自己，做我自己想做的事。但我希望他能更有冒险精神，更独立，结识更多的朋友。

——女性，34 岁，恋爱 9 年，没有孩子

我们就像过了爱情保质期一样：无性婚姻，关系紧张，有特殊需求的孩子需要照顾，家庭经济也不景气。

——男性，46 岁，结婚 17 年，有孩子

要不是他和别人结婚了，我们现在应该非常幸福。

——女性，54 岁，离异，没有孩子

我的妻子是出色的伴侣，但我们之间缺少爱的火花。

也可能是我自己搞砸了。不确定究竟是哪个原因。

——男性，38 岁，结婚 14 年，有孩子

当我们问那些身处不幸婚姻的男人，究竟什么是他们最想从对方那里获取却得不到的，我们原以为性会摆在第一位。毕竟，媒体整天鼓吹男人只在乎性且永不满足。但在提出这一问题时，我们设置了 9 个备选项，性却不是他们最想要的。是的，胜出选项是沟通！根据 28% 的婚姻不幸男士所说的，他们的伴侣不曾很好地与他们沟通或是认真地听他们说话。调查中，关爱位列第二，而性位列第三。

婚姻不幸女人的抱怨也大致相同。40% 的女性同样认为沟通是她们最想从伴侣身上得到的。而女性同样将关爱排在第二位。不同于男性的是，女性的第三个愿望是经济稳定。

单纯出于好奇，我们想知道与不幸的夫妻相比，关于幸福夫妻的调查发现会有怎样的不同。最终的获胜答案是：36% 的幸福女性和 40% 的幸福男性认为没有什么是求而不得的！这些幸运者的需求全都得到了满足。那么排在第二位的又会是什么？ 25% 的男性选择

性亲密，而 24% 的女性选择沟通。

综上所述，这些调查结果表明，无论婚姻幸福与否，沟通都是极为重要的，全球情况皆是如此。几乎所有国家的受访者都表示，沟通是婚姻关系中的大事。

但是法国人持有不同的看法。法国人最缺少的婚姻元素是关爱，其次才是沟通，这实在令人费解。因为谈及浪漫，法国人总是无往不胜。法国人认为最浪漫的事情是礼物和度假。但也有 22% 的法国人表示来自伴侣的关爱是他们在婚姻中最想得到的。这提醒了我们，爱远比浪漫更重要。

> 🌐 **全球观测点**
> 法国人表示他们最希望从伴侣身上得到的是关爱。

哪种伴侣能够造就最亲密的婚姻关系？

为了找出哪种伴侣才能造就最亲密的婚姻关系，我们让人们把他们的伴侣分为充满激情的爱人、最好的朋友、好朋友、队友、争吵的对手和不共戴天的仇敌。为了简化问题，我们确保他们只能选择一类。

不共戴天的仇敌与争吵的对手

将伴侣视为仇敌或争吵对手的男女也同样表达了对整体婚姻关

系的不满。这不足为奇。

有趣的是，这一敌对程度在参与调查的所有国家都大同小异。令人欣慰的是，世界上仅有一小部分人以如此敌对的字眼形容自己的伴侣。

好朋友还是最好的朋友

朋友能成为好的生活伴侣和爱人吗？答案是肯定的，但前提是双方都认定彼此是最好的朋友。在彼此视为"最好的朋友"的夫妻中，36%的人认为婚姻很幸福或极其幸福；但在互为"好友"的伴侣中，仅16%的人有相似的感受。与"充满激情的爱人"相比，"最好的朋友"中有更多人表示他们在婚姻中感到很幸福或极其幸福。

"最好的朋友"在床上表现如何？在"最好的朋友"中，29%的男性和35%的女性表示他们对性生活非常满意。但在"好朋友"中，这一标准数值陡然下跌，他们之中仅有8%的人在性生活中得到了满足。如果你曾听到对方称呼你为"好朋友"，那你就该当心了！

充满激情的爱人

在美国，只有 26% 的受
访者将伴侣视为"充满激情的
爱人"。其他国家的比例较高，
法国和意大利则位列前茅，完
全符合人们对他们的期望！与
我们所预测的一样，"充满激情
的爱人"对性生活的满意度最

🌐 **全球调查结果**

充满激情的爱人：

意大利：62%

法 国：55%

菲律宾：46%

西班牙：44%

拉丁美洲国家：33%

加拿大：30%

高。可即便是最好的性爱也难以完全保障婚姻的整体幸福感。有三
分之一婚姻极其幸福的男女认为对方是充满激情的爱人，而有 40%
的男性以及 44% 的女性认为他们和最好的朋友在一起也很幸福。让
我们欣慰的是，即便男女都不认为对方富有激情，婚姻关系也能快
乐融洽。

队友

我们预计选择"队友"类型的人会与伴侣十分亲密，结果却大
相径庭。事实证明，全球大多数人并不认为"队友"是个亲昵的用

语。选择将伴侣放入这一类别的人实际上最有可能认为婚姻有点问题。婚姻关系对他们而言，与其说是爱情，不如说是共同的义务。无论有没有孩子，人们都不太会将自己的伴侣划入"队友"阵营，因此家庭"团队"的规模并不是婚姻幸福与否的决定性因素。很可惜，"队友"类型与对婚姻的不满有所关联。

婚姻新常态建议

情感关系总是不可避免地遵循某种自然过程。年复一年，我们学习成长，也许有了孩子，专注事业，抽空做些自己喜欢的事。情感关系也不可避免地改变。调查表明，大多数夫妻都是从激情的联结开始，最终越来越惺惺相惜并成为彼此生命中最好的朋友。但假如你与对方不幸地成为队友，甚至更糟糕地成了仇敌，那么又当如何呢？你能改变这种婚姻航向吗？

我们思考一下罗德（Rhnoda）和德韦恩（Dwayne）的案例。他们的关系始于激动人心的一见钟情。某天，他们分别和不同的朋友们外出远足，在擦身而过的那一刹那，彼此瞬间产生了电击般的反应。共同的兴趣爱好、相似的年龄以及对彼此强烈的性吸引力为他们开启了美好的生活。他们谈了两年恋爱，然后结婚，从最初的充满激情的爱人变为彼此最好的朋友。他们开始抚养孩子、专注事业、攒钱买房。渐渐的，他们的婚姻关系从彼此最好的朋友降级为好朋友。再后来，他们变得更像是生存模式中的队友。婚姻高效运转却难有激情，生活井井有条却缺少亲昵。

尽管这样的情况十分普遍，但养儿育女、追求事业并不意味着你必须退居队友模式。在婚姻的这个阶段，留出时间，安排一次约会，确保继续做些双方都喜欢的事是相当重要的。只可惜，罗德和德韦恩与许多夫妻一样，没有意识到维持这种两性关系的重要性。等他们意识到婚姻岌岌可危时，家庭与工作的双重要求早已使得浪漫与亲昵的交流几乎无法实现。他们的婚姻标准已从极其幸福滑落至马马虎虎，最终下落到婚姻不幸的底线。

他们作为合作伙伴的联结度越来越高，也发现每当出现家庭问题、家务问题或是工作问题时，两个人就会激烈地争吵。这对夫妻大部分的交谈都变为争吵，吵架的内容总是关于谁该在家里做什么、谁该带孩子、谁该更努力地做好分内之事。不久之后，德韦恩开始极力避免与妻子单独相处。夫妻间的疏离让罗德感到极为受伤，她不再试图打破沟通壁垒，而只是埋头于工作和孩子。她对性生活不再有任何期待，部分原因在于她很累，但更主要的是心中满怀怒气。他们都知道两个人已日渐疏远，却不知道该如何制止事态进一步恶化。

假如身处罗德和德韦恩的境遇，你会怎么做？首先，想想你对最好的朋友有何需求。那个天塌下来你都可以依赖的人；那个你想与之共度时光，因为在一起的每一刻都是美妙的，因为你们有许多共同之处的人；那个无论是好日子还是坏日子你都愿意与之共度的人；那个你可以自然地说出自己的想法，因为你确信他不会轻易用批评或攻击作为回应的人。或许，最好的友谊应该包含三个最重要的元素：良性的沟通，足够的信任和优质的陪伴。最好的朋友应该对保护友谊负有同等的责任，也应确保将足够的注意力放在对方身上。

假如你把时间花在别人而不是自己的伴侣身上，那么你终将失去你的伴侣，失去你最好的朋友。如果你想补救，那就必须先确认婚姻的和谐程度值，然后下决心改变。让你们的婚姻关系由队友上升至最好的朋友，或从最好的朋友上升至充满激情的爱人都是相对容易的过程。要让婚姻关系从不共戴天的仇敌转变为最好的朋友也具备可操作性，但可能需要采纳婚姻治疗师的意见，或是投入更多的精力进行沟通，营造夫妻黄金时间。

为了改变婚姻和谐的标准值，罗德和德韦恩都需要承担起责任，让对方及时知晓并最大限度地参与彼此的生活。他们并不需要煞有介事地召开首脑峰会，而只需要优先将时间留给对方，保证婚姻关系的紧密联结。重要的关系转变正如我们所建议的那样简单：一起做些双方都喜欢的事；或者做些一方觉得另一方会喜欢的事；还可以轮流选择新事物并一起尝试。德韦恩过去喜欢打网球，但多年没碰过了，罗德也挺喜欢网球，但打得一般。因此，罗德邀请德韦恩去打网球，还让他教她打球。这促使他们重新找到婚姻关系的联结感，就像彼此最好的朋友一样。

还有比这更简单的方法吗？把对方当作你最好的朋友，很有可能你们很快就会成为真正的挚友。通过一起玩耍、和伴侣讲述你这一天发生的事，重新找到婚姻关系维系的纽带，而不是先想着找其他人倾诉。如果你觉得这听不起来并不难，那是因为做起来确实简单。正是诸如此类的细微改变已被人们证明能够缔造更加幸福的婚姻关系。

工具 1 ▶ 单独相处

许多忙碌的夫妻都与朋友或家人分享他们的大部分日常活动。某种程度上这是可以接受的，但每对夫妻也有一些只能与彼此互相分享的经历：下班后一起看场电影，并在随后的晚餐时间交换彼此对影片的看法；也可以通过参加培训班或安排一次两个人都喜欢的活动来重新获得婚姻的联结感——譬如一次远足，一场瑜伽，一次绘画或高尔夫。如果你拿不准对方喜欢什么样的新活动，那就向他（她）问清楚！

工具 2 ▶ "我对你有了解"游戏

美国电视节目上曾有过一档名为"新婚游戏"的竞赛节目。节目主持人分别向新婚丈夫和妻子发问，问题主要围绕自己和对方的生活习惯。哪对夫妻能最好地预测出对方的答案就能在游戏中获胜。

如果让你来玩这个游戏，你会有怎样的表现？你可以拿这游戏来消磨时间，隔三岔五地和对方一起玩一下。以下是一些热身问题：你觉得谁才是我最好的朋友？如果我能随意挑选一位名人共进晚餐，我会选谁？哪件事是我一直想要尝试的？

如果你或对方回答错误，也别急着妄下结论。这只是一种用来增进相互了解的消遣方式——因为要学的东西总比知道得多。这正是婚姻关系得以保持有趣并且维持下去的理由。

工具3 ▶ 一个巴掌拍不响

你大可以从字面意思或修辞上来理解这句话——无论怎么理解，这对婚姻都有帮助。舞蹈是把队友关系转变为恋人关系和最好朋友关系的绝佳方式。一起跳舞——特别是如果你学会了像探戈这样性感而复杂的舞步——将会提升魅力，点燃体内的内啡肽（让你感到快乐的激素），并有助于你们享受彼此拥抱的感觉。你们将一起探索新的婚姻相处模式。

如果探戈不适合你（探戈需要肢体的协调性和对戏剧性动作的喜爱），你还可以学习排舞、国标舞、摇摆舞，甚至是双人滑冰或滑轮。即便只是偶尔为之，配合着音乐彼此携手也有助于推动婚姻关系进入全新的、更为浓烈亲昵的幸福范畴。

工具4 ▶ 组建两人读书会

　　什么书是你们都喜欢的？是诗歌、短篇小说还是犯罪鉴证实录？这可以成为夫妻相处的一项活动：共同阅读，一起讨论；大声朗诵，读给对方听；一起有说有笑地讨论书中的人物和情节。你可以把读书会安排在周六上午或某个工作日的一小段晚间时间，让阅读为你们拓宽属于你们夫妻的新奇视角。

第 三 章

浪漫的本质是心爱的人想要给你惊喜

"弗兰克抵制过情人节，他说这就是一场市场营销计划。"

"他怎么会这么想？"

浪漫的喜剧总是受人欢迎的，浪漫的小说也有大量受众。几乎人人都喜欢皆大欢喜的浪漫情节，也都渴望拥有浪漫爱情。

但事实真是如此吗？

这是我们在调查中最想了解的几个问题之一。但在我们问及浪漫的标准之前，必须先对我们所指的浪漫进行定义。

> 我再也不明白浪漫二字到底有何深意。一个男人替你拉开门？晚餐时主动买单？策划一场约会？送花？我发现男人们已不再浪漫了。
>
> ——女性，24岁，离异

这还不算浪漫吗？
浪漫是令人愉悦的感受，是与爱紧密相连的兴奋感和神秘感。

浪漫事实上并不复杂。充满爱意的举动能唤起愉悦感、兴奋、爱和关系的联结等更深层次的情感。联结感会使人强烈地感受到其特殊的内在魔力。这之中包含了惊喜。最甜蜜的莫过于发现你心爱的人想要给你惊喜，想要让你高兴。这就是浪漫的本质。

浪漫不仅仅是过过情人节，安排一场约会，买买花，或是付顿晚餐钱。事实上，浪漫的念头往往被这种老套的"浪漫"习俗所打消或受其限制，导致买花或安排约会的人觉得这就是制造浪漫的全部举动。接着，这些举动就会失去意义或变得机械，最终导致失望甚至是疏离。真正的浪漫可以通过特殊的礼物或事件来表达，但前提必须是满怀真诚和对彼此的爱。

不够浪漫，男性会更困扰

在恋爱的初始阶段，仅仅是见上对方一面就可以开启浪漫。无论男女都会装扮自己以取悦新伴侣，努力制造惊喜讨他们欢心。当爱被说出口并得到回应时，那些一开始让人容易受伤的瞬间代表着浪漫的高度。这些瞬间还为即将来临的誓言和承诺奠定了重要的基础。随着一段关系的深入，浪漫的行为变得更为微妙，往往通过行动而非言语来表达。研究表明，单纯只是牵牵手，就能对巩固爱情起到重要的作用。有些夫妻选择一起跳舞，有些选择一起远足，或是周六早上一起赖床。

早期的浪漫瞬间有助于爱情成长，但随着关系的发展，我们需要将浪漫维持下去。否则，恋爱初期建立起来的浪漫就会破灭，从而导致现实生活中的不满。不再一起共度浪漫时光的夫妻往往会失去对彼此的性兴趣。我们称之为浪漫缺失。

哪些人需要更多的浪漫？

我们在全球范围内问询谁需要更多的浪漫，发现几乎同等数量的美国男女都觉得他们缺少足够的浪漫。但在世界上的其他地方，女性远比男性更渴求浪漫。在菲律宾和中国，只有大约三分之一的女性认为自己得到了足够的浪漫；而在法国、意大利和西班牙，只有不足半数的女性感到满意。在大多数国家，男性的情况略好一些。意大利、西班牙、法国和菲律宾的男性满意度较高。但只有在西班牙，觉得得到足够浪漫的男性比例达到了60%。

🌐 全球观测点

哪些人需要更多的浪漫？

	男性	女性
美 国	64%	63%
中 国	47%	69%
法 国	43%	54%
菲律宾	42%	63%
意大利	42%	53%
西班牙	37%	53%

女性普遍希望在生活中拥有更多的浪漫，这不足为奇。但随着我们对夫妻间的浪漫态度的深入调查，我们发现了出乎意料的结果。尽管全球范围内感到缺失浪漫的女性数量比男性多，但也有超过三分之一的男性表示，他们为自己的另一半不懂浪漫而感到困扰。很显然，当男人感受到浪漫缺失时，比女人更痛苦。

浪漫想法

幸好我们的调查数据表明，男女在浪漫行为的细节上有着相似的期望值。当我们要求女性描述她们理想的浪漫之夜时，大多数女性

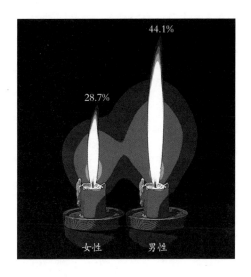

因为伴侣无法变得更浪漫而感到困扰

说她们喜欢精心装扮一番，到高档餐厅用餐，喝一瓶特别的红酒，然后在家里或是高档酒店（有孩子的女人最喜欢的地方）做爱。大多数男人也给出了相似的答案，仅有一些细微的不同。男性会穿戴整齐以取悦伴侣，带着伴侣去心仪的地点就餐，接着去个私密的处所，为对方做全身按摩或洗个鸳鸯浴，然后享受整个浪漫的夜晚。

男女双方浪漫之夜的"标准"版本包括努力营造特别的一夜，夹杂着私密感、兴奋感、做爱和深度的联结感等各种元素。只要加入一些惊喜或奢华元素，你就将拥有一场理想的浪漫之约。以下是其他一些能够达到浪漫基准的想法：

去我们最爱的僻静公园野餐，在阴凉处聊天、亲热、玩乐，一待就是好几个小时。

——女性，24 岁，认真约会中

找个十分隐秘的地方，比如湖边，喝点东西，聊聊天，也许再去裸泳！

——女性，35 岁，已婚，没有孩子

晚餐吃牛排，回家后相拥在火炉前喝杯红酒。

——女性，45 岁，已婚，有孩子

我想在欧洲手牵手散步、旅游，在众目睽睽下共享一杯葡萄酒，然后回到民宿，用做爱来结束这一天，并在他的臂弯中沉沉睡去。

——女性，50 岁，已婚，有孩子

一个童话般的浪漫夜晚，就好像我俩置身于无人之境一般。

——女性，35 岁，同居

看部下午场电影，去她很想尝试的餐厅吃晚餐，接着回家一边亲热一边看电视，最后奔向卧室。

——男性，38岁，有固定对象

带她去任何她想去的地方，然后做爱。

——男性，55岁，有孩子

共进晚餐，促膝长谈。但愿她不要查看脸书，而是想要和我做爱。

——男性，48岁，有孩子

希望她会找人照顾孩子而不需要由我来承担；能自己设法解决约会之夜的费用而不要转头又让我掏钱；听点安静、有亲和力的现场音乐会；问些我感兴趣的事，不要早早就打瞌睡或是不停地抱怨。

——男性，49岁，已婚，有孩子

住进山里的小屋，窗外白雪飞扬，屋内只有我和他。我们在壁炉前共进晚餐，美酒配佳肴，还可以雪中漫步或是一整天裸体待在小屋里。

——女性，旅居法国，33岁，已婚，有孩子

最浪漫的回忆

我们还请求人们讲述婚姻中最浪漫的回忆。大多数回忆都与意想不到的举动有关，但很显然，只有少数人提到奢华的旅行或礼物。为数众多的女性讲到在出乎意料的地方收获了热吻和情书。以下是女性所提到的一些独特记忆：

> 公路旅行期间，我们刚刚到达一家汽车旅馆，办理了入住手续。还没等我们回到房间，他就在一个比较僻静的地方开始热烈地亲吻我。我至今仍经常想起那个吻。
>
> —— 女性，55岁，已婚，有孩子

> 他把"好时之吻"巧克力上插着的小旗子都换成了自己做的，上面写着他喜欢我的哪些方面。
>
> ——女性，28岁，已婚，没有孩子

> 我从另一个州旅行回来时，他用我喜欢的圣诞彩灯挂满整个房间，然后准备了泡泡浴让我好好享受。
>
> —— 女性，37岁，同居

> 他把我抱上他的哈雷摩托车，载着我来到栈桥上，给

了我一生中最甜蜜、最美的吻。我的膝盖都融化了。

——女，35岁，已婚，有孩子

有次约会过后，他送我到家门口，外面下着雨。我让他倚在门廊上吻我，因为我一直想要像电影里一样在雨中接吻。随后，他抓住我的手，把我拉到院子里，给了我一个漫长、温存而又充满激情的吻。

——女性，25岁，认真约会中

男性最好的浪漫回忆集中在他们感受到不同寻常的爱的瞬间，通常是在做爱或亲吻、抚触、交谈的时刻：

在她事先不知情的情况下，我为妻子打包好换洗衣物、洗漱用品和首饰，安排人照顾孩子，然后将她带到离家两小时远的海滨小屋，所有一切都没事先告诉她。我们在海边度过了一整个神奇的周末。

——男性，48岁，已婚，有孩子

10年前的情人节晚餐，她裙子里头什么都没穿。

——男性，45岁，已婚，有孩子

结婚 10 年后的尼亚加拉瀑布之旅，没有孩子在身边；奇特的性爱体验；在床以外的地方度过了美好时光。

> ——男性，45 岁，已婚，有孩子

结婚纪念日重温了一遍我们的初次约会。

> ——男性，35 岁，已婚，没有孩子

她边和别人攀谈，边温柔地抚摸着我。

> ——男性，55 岁，已婚，没有孩子

我们沿着可爱岛纳帕利海岸徒步走了 20 公里去看日落。后来，我们躺在卡拉劳海滩上，望着星空，做着爱。

> —— 男，47 岁，结婚 16 年，有孩子

浪漫创造欲望，欲望则常以浪漫的形式体现。这是一个容易理解且显而易见的循环，但很多人仍在为生活中追求更多的浪漫和更多的欲望而痛苦。我们从成千上万的评论中了解到：当某些人希望对方爱自己，又或者说更爱他们、更需要他们时，浪漫就会自然而然地生发。浪漫同样也出现在当一方感受到了爱，从而想以对方喜欢的方式进行回馈之时。遗憾的是，浪漫的循环往往有所减损——当一方出于真挚的需求与渴望，做出浪漫的举动时，对方却对他们

的浪漫举动不领情、不重视、不回应。此种相处模式一旦延续，浪漫的序曲将随着时间的推移而不复存在。

浪漫的表达形式

我们的研究数据表明：表达浪漫对于婚姻的作用远比你所意识到的更重要。但到底有多重要？需要制造多少浪漫才够？具体的浪漫行为又会对我们的婚姻关系有什么影响？

浪漫的礼物

在特殊的节日、结婚纪念日或生日送伴侣一份浪漫的礼物，可以是简单地写一首诗或摘抄一首诗，可以是一张爱的留言条或一束鲜花，还可以是帮对方按摩放松。我们的调查数据显示，什么礼物都不送是绝对有害的，随着时间的流逝，终将损害婚姻关系。

观察美国家庭的数据时，我们发现馈赠礼物和性满意度之间呈现强相关性。在表示自己从未收到过任何形式的浪漫礼物的人中，64% 的女性和 88% 的男性表示他们对性生活不满意。这就表明在婚姻中缺失性联结的人，感知和被唤起浪漫的可能性极低。但赠送礼物可以在关系修复过程中扮演重要角色。送礼可以增进联系，特别是当所送的礼物能体现真心之时。

全球观测点

没收过浪漫礼物的女性：
美　国：52%
法　国：33%
意大利：25%

没收过浪漫礼物的男性：
美　国：62%
意大利：25%
法　国：23%

法国人和意大利人似乎深谙此道，远远地将美国人甩在身后。只有不到一半的美国男女觉得自己收到了足够多的浪漫礼物，而三分之二的法国女性和四分之三的意大利女性觉得自己收到的礼物已经够多了！超过四分之三的法国、意大利男性对伴侣赠送的浪漫纪念品表示满意。总体而言，法国女性位列全球送礼明星榜榜首，而法国男性也紧随其后。

如果你没送过浪漫的礼物，那么就值得思考一下这其中的缘由。在你成长的过程中，是不是也没有收到过来自家人的礼物？如果真是这样，那么送礼在你看来可能就是被迫或错误的行为。也许你曾经送过礼物，但对方太过于挑剔，以至于让你觉得自己似乎从没送过称心的东西，进而放弃尝试。也许你的伴侣坚持认为礼物纯粹是浪费钱，而你也表示认同。又或者是对方表示你们的关系坚如磐石，不需要你为礼物而费心。这些令人信服的理由将误导你不知不觉地损害婚姻关系。如果对方总是在送礼物这件事上让你泄气，那么对婚姻关系的破坏力更强。

即便当对方跟你说"好啦，你不用特意为我准备生日礼物"时，其实他们真正想说的通常是"如果必须由我来告诉你生日该送什么，那就不要费劲了。反正你也不在乎，没想过自己动心思。"
因此，真正重要的是你有没有送礼的那份心意。浪漫的礼物一定要
是真正的惊喜，应该是真心为之，而不是出于义务或责任。没有人
想要自己开口去告诉对方该送什么。因此，如果你能感受到对方给
你的爱，也请一定用尽全力去表达你的爱。

约会之夜

我们要为"约会之夜"呐喊助威！绝大多数极为幸福的夫妻都
会远离家庭和工作琐事，有意地花时间独处。也就是说，即便在婚
后，他们也会"约会"。约会可以增进他们之间的亲密感和幸福感。
在幸福夫妻中，仅 12% 的人从未经历过约会之夜。

美国夫妻约会的次数高于
他们的国际对手。参与调查的
国际夫妻里，近半数的人从来
没有体验过约会之夜。

50 岁以上人士也较少外出
约会。在年龄 55 岁及以上的夫

🌐 全球观测点
极少或从未一起外出约会的夫妻：
法　国：55%
英　国：54%
南亚国家：54%
意大利：53%
美　国：44%

妻中，56% 的人几乎没有或从未有过约会之夜，折射出许多老年夫
妻固有的习惯——待在家里，但无论你们在一起生活了多少年，这

都不是一种好的婚姻常态。

另外一个借口是经济因素，但浪漫外出并不一定要花大钱。约会可以是沿着海边散步，或是参观博物馆，或是在公园野餐。真正重要的是你们在一起，共同体验日常生活以外的新鲜事物，而不是钱花得多与少。

约会的频率也很重要。如果你和伴侣能每周或每半个月外出约会一次，对婚姻关系将有莫大的帮助。一年几次也还不错，但我们的调查发现，这样的约会频率对大多数人而言是不够的。约会应该频繁地出现，并成为你们的婚姻常态。

浪漫假期

未曾有过?
所有的美国夫妻中，有四分之三的人从未有过浪漫假期。

浪漫出行是约会重要且必需的补充形式，但很少有夫妻将此作为他们的婚姻日常。无论是周末的露营，还是在朋友的湖畔小屋过夜，或者是在国外待一周，额外的相处时间和离家的距离都有助于夫妻发现彼此崭新的一面，从而克服日常生活中前所未有的挑战。度假还能生成新的历险记忆，从而加深感情。

然而，我们却惊讶地发现，有 72% 的受访者从未单独以夫妻的身份度过假。对于其中一半的人来说，原因是孩子。要找一个能看管孩子一整个周末的临时保姆既费事，又代价高。有些夫妻不想和孩子分开。还有些夫妻会因将为数不多的空闲时间用以增进夫妻感情而非家庭关系感到内疚。这些都是合乎常理的感受与排斥的理由，但我们仍需考虑另一种现实：孩子需要父母拥有快乐的、充满爱的、稳固的婚姻关系。要达到这一稳固程度，父母需要享受作为成年人的独处浪漫时间。这将打破原有的生活格局！

背部按摩

你还在寻找游戏升级的新方法吗？你还在寻找另一种提升关系的游戏吗？背部按摩，越多越好！

哺乳动物最常见的共同需求就是互相触摸。狮子们互相摩挲，小狗们一只叠着一只，所有灵长类动物都会互相梳理毛发。人类也并无二致。按摩既是爱的表现，又是爱的催化剂。如果你和伴侣交替为对方按摩和搓背，你们就更有可能属于调查中极其幸福的那类夫妻。

在给婚姻关系打出最高分的夫妻中，74% 的人会为对方搓背！这群幸福的人经常得到爱抚。他们之中由谁负责按摩呢？ 80% 的最幸福女性和 72% 的最幸福男性都会给对方按摩！

热烈的吻

我们都知道接吻的意义远超过行为本身。真正充满激情的吻是自成一体的。看到电影银幕上亲吻的画面时，我们会得到间接的刺激。当我们沉浸在激情的拥抱中时，浪漫的感觉是强烈的。幸运的是，这些超级热吻并不罕见。我们发现，70%的夫妻会热烈地亲吻对方，且男女几乎没有区别。（夫妻接吻的频率则是另一回事，我们会在下文提及。）

不出所料，最有可能热吻的夫妻都是年轻人以及刚在一起的恋

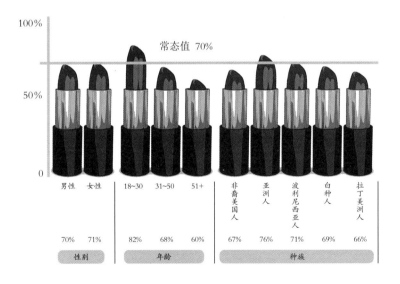

热情地接吻

人。而其他年龄段的比例也相对较高。甚至在已经相处了 25 年或更长时间的夫妻中，超过半数的人仍会热烈地接吻。

接吻真的很重要吗？当我们仔细观察那些不接吻的人时，研究数据表明接吻是很重要的。76% 在日常生活中从未热情接吻的人表示他们对性生活也很不满意。

浪漫、约会、亲吻、性生活以及爱情，这一切都是互相关联的。

婚姻新常态建议

萨奇（Sage）是一位拥有三个孩子的 42 岁的母亲。她在听说了激情之吻的调查结果后，问自己的丈夫大雄（Kazuo），是否觉得他们的接吻足够热烈。大雄说，他确实觉得他们之间的亲吻充满激情，但又补充道，他希望萨奇能更经常主动地吻他。萨奇回复道，自己一直以为接吻都应该由男人主动，然后咯咯地笑了起来，补充道："要是那一刻你不想被亲而拒绝了我，那可怎么办？"大雄笑着说："在性与爱，或者其他任何形式的爱方面，我永远都不会拒绝你。"萨奇俯身给了他一个热烈的吻。他们的婚姻日常瞬间变得更加美好。

看似微不足道的浪漫表现对于性生活和婚姻和谐至关重要。遗憾的是，共处一个屋檐下，时时面对日常琐事和生活挑战时，很容易将浪漫抛诸脑后。双方不再将彼此视为恋人，而成了队友，一起应对由工作、孩子、家庭、朋友以及当下的各种危机所构建的复杂世界。或许你知道此刻的你并未得到足够的浪漫，但你还是延迟了需求，期待着能够一起歇下来的那一刻——一次假期或一场庆祝。延迟满足是一种常见的错误。我们的调查表明，婚姻关系实际上需要更为频繁的浪漫滋养。

假如你的婚姻缺少浪漫，也不要惊慌，但请务必改变生活模式：尝试各种可能性；为彼此制造惊喜；将真心付诸行动。

在日常生活中制造浪漫尤为重要。在伴侣的汽车挡风玻璃上留下情书；中午打通电话说"我爱你"；在一天结束前一同沐浴。浪漫不需要奢靡、费劲或浮夸。所有年龄段的男女都认为细微之处所展

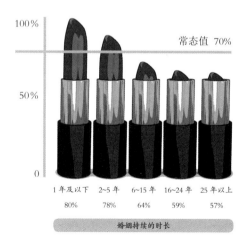

婚姻持续的时长

现的爱最为甜蜜。

同时，确保你能发现并及时回应对方的浪漫情调。爱的小举动往往会被忽略，甚至不被认可。你该注意到伴侣收拾水槽只是为了让你高兴；也该注意到你觉得冷了，他为你端上的热茶；谢谢他为你送上礼物。如果一个额外的拥抱也能得到回应，其意义远超过拥抱本身。只要你仔细观察，就会发现生活远比你想象得更浪漫。

工具5 ▶ 游戏规则

浪漫的方式多种多样。一方先迈出一步，另一方就会有回应。惊喜的元素也很重要，但同样重要的是双方都应了解并愿意遵守游戏规则；如果一方先跨出了一步，而另一方却突然离席或改玩其他游戏，那游戏就进行不下去了。

假设你向对方迈进了一步，做出自认为浪漫的举动，而对方并不认同。也许你早早回家准备了一顿丰盛的晚餐，但因为你没说这一切是出于爱，以至于对方没有产生同样的情感关联，觉得有点受伤，对吗？但假如这只是对游戏规则的误解呢？你的伴侣可能是对言语行为反应敏锐，而对非言语行为反应迟钝的那一类人——他们必须听到"我爱你"，才能确定自己是被爱的。

我们中有太多的人用自以为是的方式表达爱，却从未考虑伴侣的需求和喜好。因此，在你采取行动之前，请确保双方都理解并接受游戏规则。别害怕，问问你的伴侣在他眼里什么才是浪漫，开诚布公并分享自己的想法。好奇地探寻你们的喜好有何不同，为什么有些事，双方都觉得浪漫，而有些则不然。

请记住在对浪漫的理解上存在性别差异是完全正常的。在我们的研究中，女性表示她们喜欢被亲吻，喜欢男人们以独特而令人惊喜的方式向她们示爱。而男性则说，他们最喜欢的浪漫时刻是肢体接触和做爱的时候。值得注意的是，大多数男性同样也对他们平时所得到的爱和关注感到不满。与男人都不浪漫的刻板印象不同的是，我们的调查表明大多数男性和女性一样需要浪漫的表达形式，有时这种需求甚至比女性更强烈。在梳理双方都愿意参与的游戏规则时，务必牢记这一点。

如果你和对方都不确定自己想要的或期待的是什么，那就谈谈迄今为止双方最喜欢的、最浪漫的时刻。如果你想不出婚姻中任何特别浪漫的时刻，那么就聊聊书籍和电影里给你留下深刻印象的浪漫场景，讨论一下你们所喜欢的、能为婚姻带来更多浪漫的方式。

接着请开始你的游戏。朝着对方跨出浪漫的一步，看看接下来会发生什么。每人向前跨一步，双方都将成为婚姻的赢家。

工具6 ▶ 三管齐下的浪漫考验

在你让浪漫重新回归婚姻或增强浪漫值的时候，请确保你使用

的是"三管齐下标准"。这三个方面是你和伴侣建立浪漫关系的核心
要素。

第一准则　真实地表达你的爱

请务必真诚。我们经常在擦肩而过或是电话的结尾草草地抛出
一句"我爱你"。但是，想要建立一种深层次的联结感就必须采用情
感上能打动对方的方式，专注且有意地表达出来。

第二准则　内心深处的联结欲望

请务必满怀真情出现在对方面前。让彼此知道无论现在还是将
来，只要你们在一起，就愿意分享自己的所思所想，这样的共识远
比话语更重要。

第三准则　神秘元素或惊喜元素

请务必自然。通过一同探索或经历新事物，尤其是双方都觉得
与众不同的事，惊喜和新奇能极大地提升浪漫感。在你安排了一场
伴侣知道对你而言十分困难或不同寻常的体验时，就能生发出感激
与爱意。任何打破"常规"的举动都将意义非凡。

和你的伴侣谈谈这三个方面，接着想些能够一起尝试、一起接
受考验的点子。以下是我们的一些建议：

❤ 每周指定一个晚上进行浪漫性爱（频率可以更多或更少，
以符合双方都同意的性频率为宜）。这将涵盖第 1 点（真实地表达你
的爱）和第 2 点（内心深处的联结欲望）。双方协商是否外出约会，

共享浪漫烛火、精致晚餐，互相按摩，或是一起看部性感露骨的电影，但别总是一成不变，在浪漫之夜想方设法给彼此一点惊喜（第3点——神秘元素或惊喜元素）。出乎意料的礼物可以是真情实意的纸条或卡片，或是一首情诗，或是比平时更多的宠溺，也可以仅仅是轻吻对方的脖颈或牵着彼此的手，只要不是你们婚姻日常之中的事都可以。

❤ 聊聊你最想从对方口中听到的话语以及你需要的频率（第2点——内心深处的联结欲望）。你想在每次电话交流结束时听到"我爱你"吗？想在电子邮件或短信末尾看到"吻你抱你"或"我只需要你"吗？你需要在床榻前听到更多的"我爱你"吗（第1点——真实地表达你的爱）？问问你的伴侣喜欢什么，然后出其不意地（第3点——神秘元素或惊喜元素）将它们融入你的日常生活。

❤ 我们缺失了多少时间以及是什么类型的时间？ 是什么干扰了夫妻相处的黄金时间？如果没有足够的优质时间，诸如睡前快速的性爱等亲昵举动将使婚姻变得不浪漫，甚至可能造成婚姻关系的疏离。 想要扭转这种模式，你需要和伴侣一起创建意想不到的相处时段（第3点——神秘元素或惊喜元素），排除一切干扰（第1点——真实地表达你的爱）并专注于伴侣所说的话，紧挨彼此，互相抚摸（第2点——内心深处的联结欲望），重新探索彼此的身体。

❤ 假如你的伴侣在感受浪漫前，需要打扫好卧室或是有人帮忙照看孩子，那么这些服务行为就会成为爱的表现（第1点——真实地表达你的爱）。当你意识到这些需求对伴侣而言意义重大时，你也将更心悦诚服地做这些事（第 2 点——内心深处的联结欲望）。这些举动若能打破家庭生活常规，则尤为有意义（第 3 点——神秘元素或惊喜元素）。

工具 7 ▶ 稍加改良的礼物

千万不要低估浪漫礼物的力量。但应切记，礼物必须是有意义的、量身定制的，是对方喜欢的物品。单单一台烤面包机或一个写字台收纳盒是行不通的！但若是稍加浪漫的改良，即便是日常物品也能产生爱的共鸣。譬如，倘若你想赠送写字台收纳盒，那么你可以拉出抽屉，放上几首浪漫的爱情诗。或者，在烤面包机里放张欠条，写上"欠你三顿床上早餐！"倘若你想从现在开始提高性生活质量，那就在生日、结婚纪念日、假日时找些浪漫的礼物。礼物有助于提升爱情与婚姻的激情。

工具 8 ▶ 邻里轮流约会指南

我们的调查显示，约会之夜对于大多数夫妻的幸福至关重要，但并非每个有子女的人都能负担得起保姆的费用。那该怎么办呢？可以考虑一下邻里轮流约会。寻找并结识你所在街区或公寓里的其他家庭。最好是他们也有年龄相仿的孩子。即便只找到一户这样的人家，你们也可以轮流照顾孩子。每隔一周，你承担起照顾他们家孩子的责任，好让他们可以在夜间外出约会，然后他们也帮你做同样的事。这样一来，邻里间的幸福指数也会提高！

第 四 章

让感情保鲜，要学会表达你的爱

"我最近在书上读到公开示爱大有复苏的迹象。"

还记得那些你迷恋的对象第一次触碰到你的瞬间吗？大多数人都渴望有这样的一刻。他们打打闹闹、抚摸接吻，以此获得刺激和满足。但在最终发生性行为后，亲吻、抚摸以及彼此靠近所激发的乐趣就会减退。假如亲热的拥抱不能很快地带入性行为，他们便感到失望甚至是不满，而不是好好享受当下的亲近以及接吻的可能。有些人会指责恋人戏弄或拒绝自己，甚至因此而分手。但对于许多恋人来说，性爱会被延迟相当长一段时间，接吻和抚摸才是维系关系的重要因素。感情或许不像性爱那么刺激，但却能给一段关系带来恒久的力量，尤其是当双方都认可这一重要性时。

成年人在恋爱初期仍会有初恋的感觉。他们也亲吻拥抱，坐在彼此腿上，手牵着手，互相依偎，彼此爱抚。然后两性关系迈向性亲密关系，在理想状况下，双方会在很长一段时间内对性亲密感到满意。如果这段关系的其他方面也能保持稳固，这对恋人就会有如胶似漆的感觉。但即使身处性满足的关系中，简单的示爱举动也能对这段关系起到珍贵的支持作用。

感情并不复杂，既不性感，又不刺激。但当感情摇摆不定时，这段关系也就失去了核心的力量源泉。

人们分享什么样的感情?

我们都见过年轻的情侣，如胶似漆，相互依偎，十指交缠，一刻也无法将视线从对方身上移开。有时，他们的感情和欲望一眼就能让人看穿，以至于朋友会半开玩笑地说："开房去吧!"但他们未必需要一个房间。有时，重点在于展示他们的爱，向全世界分享他们的骄傲和喜悦。公开示爱使得情侣们能向彼此展示他们爱得有多深，同时也增强了床笫以外的浪漫关系。

现在请试着回想一下，你上一次看到更年长、更成熟的夫妻们对彼此表现类似爱慕的场景。我们讨论的不是充满激情和情欲的偷偷摸摸。我们想到的是夫妻们互相拥抱，手牵着手，温柔地抚摸对方，偶尔轻吻对方脸颊——他们在公开场合用充满爱意的举动加深亲密感与爱意。

人们公开示爱（包括拥抱、牵手、爱抚与接吻）的频率

总体而言，在全体受访者中，40% 的受访者告诉我们，他们极少或从来都不在公开场合拥抱、牵手、爱抚或接吻。只有 13% 的人表示他们至少每周一次地公开示爱。男女在这一点上几乎毫无区别。

年龄是主要原因吗？是的。年轻人在公开场合秀恩爱的可能性更大，但还是比你预想的少一些。将近 25% 的年龄

> **公开秀恩爱赢家：西班牙人**
> 62% 的西班牙情侣会每周数次公开秀恩爱！

介于 18~24 岁的年轻男女表示，他们几乎没有或从未在公开场合秀过恩爱。相比之下，在 35~44 岁的人群中，这一比例为 37%，而这

种差距也会随着年龄的增长而扩大。在 45 岁及以上的人群中，近半
数（49%）的男女已经不再公开示爱了。

以下原因可能用以解释我们的调查发现：在老一辈中，有些人
成长在不鼓励公开表达爱意的年代；还有些可能随着年龄的增长变
得更加保守。还有就是老年夫妻也会感受到当今社会对于他们的道
德评判。就在几年前的平安夜，一对 65 岁的夫妻向我们讲述了他们
沮丧的经历。

他们走进一家高档餐厅，美酒和佳肴让他们充满了爱的活力。
根据他们所描述的，夫妻俩不时地亲吻，"虽不算太过火，但有点过
于深情"。在他们意识到这一点之前，餐厅服务员走过来说，这样的
行为是不允许的。受到指责后，他们停了下来，但却感到异常恼火和
惊讶。平安夜接吻居然被认为是不合体统的！

不示爱地带

结婚 10 年以上或是年龄大于 45
岁的人群中，几乎半数的夫妻不
会在公开场合表达爱意。

但感情持续时间的长短对
调查结果有显著影响。10 年是
重要的分界线。在婚姻的前 10
年，有 28% 的男女很少或从不
公开秀恩爱。结婚 10 年之后，这一数据攀升至 49%。显然，时间对
情感的自发表达具有负面影响。

尽管超过半数的夫妻任由真情自然流露，但趋势曲线所呈现的
结果却令人担忧。数据表明，随着两性关系持续时间的推移，示爱

行为的自发值则逐步下降。我们也可以理解为那些从不公开示爱的伴侣渐渐地不再在意那些亲昵的小动作，也不再做出回应。但这并不意味着爱情就这么消失了。即使是长期相伴的夫妻，也会因为一个不经意的拥抱或亲吻而恢复活力，并感到心安。请记住，有效地传达爱意并不需要太孩子气或过于张扬。捏捏手，摸摸脖子，一个拥抱，又或者一个充满深情的眼神交流都能给寻常的一天注入一剂彼此相连的强心剂。

公开示爱的方式

情侣热情亲吻的频率

有时一个简单的问题就会开启一场全新的对话。仅仅因为人们表示他们仍然可以热情地亲吻，并不能说明他们经常

> **不再接吻**
> 56% 的受访者表示他们极少或从未热情亲吻。

为之。如果我们将很少热情接吻的人数与从未热情接吻的人数叠加，将得出一个惊人的数字：高达 56% 的男女极少热情亲吻或根本从未热情亲吻过。

结婚 15 年的艾比（Abby）说："一想到要和丈夫亲热，我就恶

心。"尽管听起来很怪，但艾比从未想过离婚。她说她爱自己的丈夫。根据我们的调查，还有其他因素正在破坏这段婚姻关系。

首先，艾比有孩子。在有孩子的夫妻中，超过半数的人很少或从来没有激情拥吻过，而同样的情况在没有孩子的家庭中仅占35%。孩子无辜地成为许多夫妻浪漫与激情的覆灭者。

其次，可能破坏艾比对亲吻的兴趣的主要因素是她的婚姻已持续了15年之久。在结婚10~20年的群体中，61%的受访夫妻表示很少或从未激情相吻。

与许多结婚多年的人一样，艾比逐渐地将婚姻视为工作而非爱情。很长一段时间，她已不再将激情和爱作为婚姻的日常规范，因

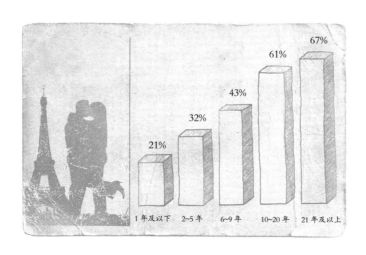

随着结婚年数的增加极少或从不热情接吻的夫妻的百分比的变化

此仅仅想到这一点就令她反感。我们无法联系上她的伴侣，但这个男人与一个拒绝亲吻的妻子生活在一起的幸福指数是可想而知的。我们猜想他已放弃了尝试，我们也暗自揣测他是否会掉转"船头"去体验家中缺少的爱与浪漫？

这并非无端的担忧。我们的调查表明，缺少激情的吻会对婚姻幸福产生消极影响，又或是感情走下坡路的表现。对婚姻感到极度不满的男女中，56% 的人很少或从未激情接吻；而在婚姻非常幸福的群体中，这一比例仅占 26%。大多数（58%）婚姻非常幸福的人每周都会有数次热情相吻。

虽然激情接吻并不是性爱的必要条件，但它似乎是愉悦的性爱的核心成分。在喜欢和伴侣做爱的人中，85% 的人也会激情接吻。那些在性爱中无法获得愉悦感的男女中，86% 的人很少或从未激情接吻！

说出"我爱你"

曾经有个老掉牙的笑话：一个男人想不通为什么妻子想听他说出"我爱你"。男人对妻子说："嘿，我曾经对你说过一次我爱你了。如果情况有变，我会告诉你的！"

> **最经常热吻的国度**
> 意大利：75% 的意大利男女每周热吻数次。
> 西班牙：以 72% 的比例紧随其后。

事实上，这并不仅仅是一则笑话。许多男女的确认为他们是爱对方的，因此没有必要成天将爱挂在嘴边。但我们的调查结果表明，说出"我爱你"并时常将其挂在嘴边至关重要。74% 每天对伴侣说"我爱你"的人表示对性生活非常满意。这一关联性在我们从婚姻的总体幸福感来进行审视时变得更为显著。在对整体婚姻关系感到满意的人群中，88% 的人每天都说"我爱你"。

言不由衷的"我爱你"

当然，"我爱你"的神奇效用取决于这三个字如何被诚实地传达，如何真实地被感受。我们不太敢问有多少人在对伴侣说出这三个字时是言不由衷的，但令人欣慰的是，在婚姻极其幸福的夫妻中，仅 1% 的人表示他们只是随口说说。对于绝大多数的幸福夫妻而言，这三个字是对关系联结的真实表达。

但婚姻不和谐的夫妻更容易抛出空洞的"我爱你"。他们中超过四分之一的人承认说出这几个字时并无真情实感支撑，另有 20% 的人表示说的时候言不由衷。虚假的"我爱你"或许可以保护不再被爱的伴侣的感受；又或许是更坏的征兆，为一方即将退出这段关系争取时间。这种局面对于所有的当事人而言都是可悲的。因为给出错误反馈的一方通常会感到矛盾、内疚，甚至绝望，而类似的话语也会形成空洞的闭环，接收者会因此更为困惑和不安。诚然，唯有带着真情实意说出的"我爱你"才会奏效。

你会赞美自己的伴侣吗？

你的伴侣经常称赞你好看吗？我们发现，39% 的男性和 24% 的女性极少或甚至从来没有得到过伴侣对他们外表的赞美。这一情况并不理想，而在确实会赞美伴侣的人群中，情况仍是差强人意。只有 9% 的男性和 18% 的女性表示，伴侣会每天都夸他们好看。而每周得到称赞的人数比例也并没有高出多少。

当我们将这些问题指向婚姻不幸的夫妻时，吝于赞美与婚姻关系的关联性变得一目了然。他们中 50% 的男性和 38%

🌐 **全球观测点**
仅有 24% 的中国男女表示伴侣会每天或一周数次地称赞他们具备吸引力。

的女性表示伴侣从未称赞过他们的长相。这一相关性在性生活不满意的人群中则更为显著，其中有 85% 的男性和 52% 的女性表示伴侣从未称赞过他们的容貌。

但是外表只是吸引力的衡量标准之一，于是我们对一个人也许会引以为豪的其他各种特质——包括智商——也问出同样的问题（你会赞美自己的伴侣？）。遗憾的是，调查结果几乎没有变化。夫妻们很少照顾到对方的自尊。为什么会这样？许多赞美之词很容易说出口，但我们大多数的受访者却在剥夺伴侣接受赞美的愉悦感。

拥抱

我们询问刚刚走出一段长期关系的人最怀念的是什么，许多人都认为是那些可以让人感受到亲密联系的肢体接触，如依偎和拥抱。事实上，亲密的肢体接触是恋人间最基本的需求。但世界上却有35%的男女很少或从不拥抱对方！庆幸的是，对于喜欢拥抱的人，这世上至少仍有一处世外桃源。在西班牙，许多人表示他们至少每周拥抱几次。也许"拉丁情人"的美称应该改为"拉丁拥抱者"！爱情主宰着西班牙。

🌐 **全球观测点**
77% 的西班牙夫妇表示每周都会拥抱数次。

我们并非过分浪漫地强调拥抱的重要性。仅有 6% 从来不拥抱的人对性生活感到满意，他们中也仅有 11% 的人表示对婚姻感到满意。这一人群中的某些人就是不想接近伴侣，但我们的调查结果再次表明，对于另一部分人而言，孩子可能是妨碍夫妻拥抱的因素。82% 的无子女伴侣经常拥抱，但只有 68% 有子女的夫妻才会这么做。这种差异表明，有子女的夫妻们可能一直在牺牲相互依偎和拥抱的重要时间。当你们之间隔着一个三岁的孩子，而隔壁房间还有一个在襁褓中哭泣的婴儿时，将很难产生感官上的愉悦感。还有许多父母忙于拥抱和照顾孩子，忽略了伴侣也同样需要被拥抱。请将这些重要的肢体接触重新带回彼此身边吧！

昵称

昵称听起来傻里傻气？或许是这样，可人们就是喜欢诸如亲爱的、宝贝、甜心之类的昵称！有 65% 的受访者正在使用这些昵称，另有近一半的受访者希望伴侣能使用这些昵称。有些昵称彰显着亲密与宠溺，有些还很性感。一对夫妻表示，他们几乎每晚都给对方起新名字，这是一场充满激情的游戏。另一对夫妻则说，结婚 11 年来，他们一直都对伴侣直呼其名，直到有一天无意听到别人互相称呼对方为"甜心"。这时丈夫告诉妻子，他希望妻子偶尔也能用爱称来称呼他。没过多久，他们就把这一新的规范融入婚姻生活中，而且双方都非常喜欢被叫作"甜心"和"亲爱的"。一个小小的改变让双方都更好地感受到了来自对方的爱。

出乎意料的是，昵称似乎对婚姻关系的整体幸福度和性满足感做出了显著的贡献，76% 婚姻极为幸福、性关系极为和谐的夫妻都在使用昵称。

牵手

大约有四分之三年龄在 35 岁以下的伴侣经常牵手。但在 35 岁之后的每个年龄段的夫妻中，仅有一半左右的人仍会牵手。夫妻们相处的时间越长，牵手的概率反而越小。

大多数夫妻在最初的 5 年里经常手拉手，但大约从第 6 年起情况开始发生转变。牵手率显著下降，但婚后 10 年及以上下降态势更为迅猛，在此阶段已有超半数的夫妻不再牵手。这些夫妻逐步放弃了这种让彼此得以紧密联系、修复关系、表达支持与爱意的宝贵方式。

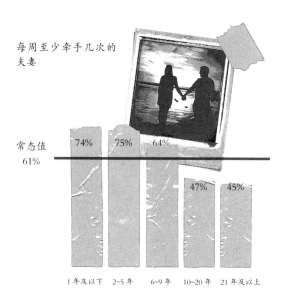

每周至少牵手几次的夫妻

常态值 61%

74%　75%　64%　47%　45%

1 年及以下　2~5 年　6~9 年　10~20 年　21 年及以上

如果你对我们的调查结果仍有质疑，那么可以看看在北卡罗来纳大学进行的一项经典研究。在这项研究中，两组夫妻被随机分配到两个不同的房

间，并连接心跳监护器及其他医疗设备，用以测算牵手的好处。两组夫妻唯一的区别在于：一组夫妻被要求在争执中需要手牵着手，而另一组夫妻则分开坐着。

结果表明：手牵手的夫妻所承受的精神和身体压力要小得多（甚至血压也更低）。这就意味着，当出现严重的争执时，手部接触显得尤为重要。但不要等到危机来临时再牵手，现在就让牵手成为你生活常态的一部分吧。

婚姻新常态建议

当凯特琳（Caitlin）和伊莱（Eli）发觉他们之间的亲密关系和婚姻关系正在逐渐走下坡路时，他们已结婚 11 年之久。他们看了我们早期收集的有关拥抱和牵手的调查数据后决心要改变目前的生活常态。

凯特琳 38 岁，伊莱 43 岁，有一个 8 岁的儿子丹尼（Danny）。丹尼参加的篮球赛每周会在当地的基督教青年会举行，同时参加比

赛的还有其他 30 个孩子。夫妻俩注意到，比赛过程中其他的父母似乎从来没有互相依偎、牵手或拥抱过。尽管这些举动对于他们俩来说也同样不"正常"，但二人决定挑战这一群体行为规范。他们故意手挽着手走进基督教青年会。座位不够时，凯特琳会搂着伊莱脖子，坐在他腿上，不时地亲吻他的颈项，而伊莱则轻抚凯特琳的后背。他们想知道丹尼是否会因此而难堪，但显然丹尼为父母的幸福而感到高兴。只有其他夫妻诧异地盯着他们看。伊莱和凯特琳发现这很有趣。他们非常喜欢这一婚姻新常态。

彼此分享更多的情感流露不但让他们变得更为亲密，而且也让彼此重新焕发了青春。戏谑的吻、耳鬓厮磨使得浪漫的感觉得以复苏。在两性关系中注入更多亲昵举动缓和了夫妻关系，使他们拥有了更多的欢笑乐趣。二人间的互动产生了涟漪效应。牵手与拥抱改变了他们对彼此的认识，提升了互相之间的吸引力。他们幸运地重拾作为恋人的重要部分，并意识到自己曾放弃了拥抱、抚触和亲吻对方这些触动心弦的方式，也抛弃了亲密关系。

与此同时，他们为基督教青年会的其他父母设定了新的基调，树立了新的典范。有些观察凯特琳和伊莱的人可能会想，他们觉得自己是谁，胆敢这样调情？有些人可能会猜测，这两人肯定还处于热恋期或是新婚期！但其他人肯定很嫉妒，因为巨大的转变迅速在人群中蔓延开来。当为期三个月的篮球赛季结束时，露天看台上到处都是相拥的情侣！

重新激活已被忽略多时的肢体行为可能会有点尴尬，一旦这些行为被重新启动，就容易一直延续下去。额外的好处是，你在改变自己的婚姻常态时，或许能激励他人也做出改变。

工具9 ▶ 我们重新开始亲吻吧

做爱时，你是否已不再热烈地亲吻对方？如果确实如此，那么是时候该好好谈谈这个问题了。在单独相处且双方都很放松的状态下，把它作为相互间的话题提起。谈谈通过接吻找回刚谈恋爱时那种激情澎湃的感觉的重要性。如果一开始不习惯，那就把它当成游戏吧。比如，双方必须接吻满三分钟，并设定好闹钟以防偷工减料。游戏还可以包括在没有亲热前，禁止任何前戏或做爱。

工具10 ▶ 你看上去真美

人人都需要赞美，因此请毫不犹豫地告诉对方他（她）有多美——也可以赞美他们聪明或可爱。不用太在意措辞，真诚地赞美就好，可以是"当我进屋看见你时，你简直是太帅了"，也可以是"我永远都不可能想出你支的妙招"。一旦你开始尝试，赞美之词就会自然而然地脱口而出。除了亲吻与拥抱，你还将收获伴侣的好心情。

工具 11 ▶ 牵着我的手，要不就让我牵着你的手

重新开始牵手永远不会太迟。每次一起外出时，约定好牵起彼此的手。作为游戏，给自己设定出门 5 分钟后开始牵手。谁先握住另一方的手，谁就赢得 1 美元，把钱投入厨房的罐子里。如果你们同时握住了对方的手，大家就算打平。月底时拿罐子里的钱奖励自己一次特别的约会，约会时也要手拉着手！

工具 12 ▶ 抚触的力量

我们可以通过抚触伴侣建立多种渠道的联系，其功能极其强大。当伴侣为你按摩颈部或背部时，不仅能让你感觉良好，还能极好地增强你们之间所需的联结感。肢体接触也可以成为说服对方的工具。比如你想看一部充满少女心的电影，而对方很讨厌这类电影，如何打破僵局呢？在电影播放过程中，试着主动提出帮伴侣按摩背部或肩部，按摩时间自定。这样一来，你可以看自己想看的电影，而伴侣也能享受到一点特殊的待遇。你们还可以轮流挑选电影，交换着进行背部或肩部按摩；或是一边放着电影，一边轮流为对方进行按摩。

第 五 章

鼓起勇气，大胆地告诉伴侣你的性喜好

"亲爱的，我想你得好好安排一下我们的约会之夜。"

性爱有助于修复婚姻关系的裂痕

每当我们打开任何一档电视节目，翻开大多数杂志，浏览大多
数排行榜时，或每当我们以"性"作为网络检索词时，都会看到许

多有关诱惑、激情等露骨的照片及视频。当然，大多数人的性生活都较普通。真实的性生活是在繁忙的日程安排、家庭职责、家庭琐事和谋生的心理压力下完成的。但这并不代表性生活不重要。人们愿意为性买单的原因就在于性既是人类的原始欲望，也是基本需求。

从生理层面来看，性与多巴胺和催产素的分泌有关，这两种激素能增进爱情、提升依恋感。多数夫妻最初在一起是由于他们能点燃彼此心中的生理渴求。随着时间的推移，性爱有助于修复婚姻关系的裂痕，并再次确认我们对于彼此都是特殊的存在。

我们想说的是，不是所有的性爱都是高质量的性爱。性、爱情和亲密感三者之间的平衡或失衡可能造成其结果的差异。三者间的平衡会使得双方成为情感上相互联结的统一体；而三者的失衡则可能致使"速战速决"的敷衍行为。什么样的性关系是人们最经常体验到的呢？对于这一问题，男女的答案几乎完全一样。48%的女性以及43%的男性表示，他们通常的性体验是"带着深层的身体与情感联结做爱"。遗憾的是，其余超过50%的人用不太热烈的话语描述自己的夫妻生活。

幸福夫妻与不幸福夫妻的性经历

我们选择蜜月期结束后的早期到中期这一时间段，研究不同夫妻类型及其性生活的质量。我们发现不同夫妻的性生活经历存在差异。有别于绝大多数不幸福夫妻的一点是，幸福夫妻大多将性接触描述为"做爱"，并表示这提供了更深层的身体与情感联结。当然，幸福夫妻中也有人主要是为了得到性高潮而做爱，但他们却极少以这样的方式描述。研究结果表明，与缺少爱意的性交相反，夫妻的婚姻幸福与做爱相辅相成。

性欲求

我们的调查显示，当夫妻对性生活不满意时，往往双方的性爱欲求存在不均衡现象。在性生活满意度极高的夫妻中，42% 的人表示双方的性欲求基本持平。而对性生活不满意的夫妻中，仅 9% 的人反映双方的性欲求基本持平。与永远只有一方主动的性爱相比，如果双方都能主动且互相都有性需求，性生活的愉悦感将显著提高。

遗憾的是，性欲可能会随着时间的推移而改变。我们很难预测任何人——包括自身的长期性欲求。夫妻初见时，即便性欲一般的人都有可能变得如饥似渴。但贪婪的欲望通常会逐渐下降，变得不那么炽烈。通常这是极为普遍的现象，因为大多数夫妻都表示最初的强烈感觉往往会逐渐归于平静。但如果一方的性欲求早已消失殆尽，而另一方却仍然很旺盛，就势必会导致婚姻问题。为了婚姻，我们必须解决这些问题。

当双方的性欲求差异尚不明显时，夫妻们通常不需要专业人士的帮助就可以解决问题。但倘若伴侣间找不到令双方都能满意的常态值，性欲求的差异就会破坏夫妻的整体婚姻关系，除非他们能够严肃对待这一问题并进行性治疗。夫妻们在性治疗师面前抱怨最多的通常就是双方在性生活中欲求不均衡。

与伴侣探讨性爱的新技巧

> 我现在没有机会尝试与之前的恋人一起做过的事。我对丈夫在卧室里的无能感到震惊。
>
> ——女性，56岁，结婚15年，没有孩子

当我们谈论性时，通常的假设是我们在探讨做爱——但事实并非总是如此。虽然做爱是多数恋人相处的重要内容，但还是有许多人有很多其他的想法与渴望。是什么使得一方在卧室里比另一方更富有冒险精神？答案与经验、文化以及自尊等多种因素有关。

媒体、朋友、家庭和宗教在塑造我们性观念的过程中均具有举足轻重的作用。有些对性持消极态度的人在成长过程中常受到一些消极信息的耳濡目染：性是不好的，欲望是错误的，婚前性觉醒是不恰当的（即便是到了谈婚论嫁的地步也会受到质疑）。诸如此类的

观念在许多文化和宗教团体中十分普遍，这些团体要求其成员在婚前保持童贞，禁止自慰、口交和同性恋等。

　　有些人在成长过程中则接收到较多的正面信息，甚至有的父母会告诉他们感官的享受是来自上天的馈赠，但个体后续的负面体验抵消了正面信息。早期的痛苦遭遇（如性骚扰、强奸或性虐待）会对一个人的性观念造成永久性损害。假如一个人不珍惜自己的身体或认为自己有某种程度的生理缺陷（可能真实也可能只是想象），负面的身体印象将加强性抑制，甚至当身处一段充满爱意的两性关系

"我喜欢的：抚触、激情的吻、互相配合。"

中时也很难改变。

如果你曾有过糟糕的性经历，那么尽量回避那些唤起负面记忆的性行为是完全可以理解的。如果你从未尝试过某种性行为，不想迈出尝试的第一步同样也是可以理解的。但假如对方就是喜欢这些令你不适的性行为，那又当如何呢？

《亲密感、欲望与激情的婚姻》（*Intimacy, Desire and the Passionate Marriage*）一书作者、婚姻治疗师大卫·施纳奇（David Schnarch）写道：婚姻双方的性欲求总是一边高一边低。他所开发的解决欲求失衡的项目——"共同进化"的前提是：改变应从性欲求低迷的一方开始。其中有何道理？首先，欲求旺盛的一方在一夫一妻制的限制下无处排解其性需求；其次，许多心理学家认为欲求丧失往往源于亲密感、自信或自尊的缺失。倘若我们能增强亲密关系，提升自信和自尊，相爱夫妻的欲求差距便能得以缩小。请用温暖、安全的依恋感取代愤怒与不安全感，你们将大幅降低欲求差距。

倘若你总是"性"致勃勃，而对方却"性"趣寡淡，你很难不产生受排斥感。一旦受排斥感根植于心，就将影响婚姻关系的其他方面，导致挫败感和对另一方的怨恨。因此，开诚布公地谈论性至关重要，无须指责，更无须羞愧，而是共同了解对方的成长背景及感受，一同寻找可行的解决方案。

超过半数的受访者（63% 的女性以及 59% 的男性）表示会在性生活过程中与伴侣探讨性喜好和性技巧。这种坦率（并非鲁莽）

的谈话有助于提高双方的性满意度，也有助于建立更为稳固的情感联结。

但也有一部分心理学家不认同高度的联结感与亲密关系预示着高强度的性欲求。心理

> **充分表达**
> 超过半数夫妻会在性生活中探讨自己喜欢的性技巧。

分析师埃丝特·佩雷尔（Esther Perel）在其著作《囚禁中的交欢》（*Mating in Captivity*）中表达了不同的观点。书中写道：当夫妻关系稳定、双方均保持忠贞且一切都在意料之中时，性欲求有时将会减弱。浪漫和欲望通常需要惊喜，甚至可能需要一点点不安全感。但幸福夫妻努力想要实现的是彼此之间的舒适感和婚姻稳固的目标！佩雷尔表示，婚姻和谐的夫妻也有可能重燃激情，但出于保障一夫一妻制而同时又想制造性兴奋的目的，有些人应该开创性地探索自身的性幻想，保持两性关系的神秘感，或是勇于涉足富有挑战的性领域。

婚姻新常态建议

杰森（Jason）和史黛拉（Stella）结婚18年。当史黛拉读到一些《幸福婚姻的秘密》数据时，第一次鼓起勇气让丈夫说出他心目中排名第一的性幻想。但当杰森回答自己没有性幻想时，她吓了一

跳！史黛拉进而问道，"为什么没有？"杰森说，他过去常常幻想同妻子采用不同体位做爱并使用性用具，但当自己发觉史黛拉永远都不想尝试新方式后，也就不想再让自己陷入失望的境地。这样的回答让史黛拉很难过。她一直以为他俩的性生活还不错，她也喜欢和丈夫做爱。但她不得不承认杰森是对的，自从他们第一次相遇，他们的做爱方式确实几乎大同小异。

尽管史黛拉对目前的性生活很满意，她仍然对尝试新的体位和性用具持开放的态度。但杰森不想让她去做那些可能令她感到不适的事，两个人也都不确定接下来该怎么做。为了帮助他们开启改变婚姻常态的新征程，我们分享了以下隐喻：

> 假设你的伴侣开了一家高档意大利餐厅，而你开了一家高档牛排馆。每一天你们都在彼此的餐厅吃饭，并感到满足和快乐。起初你从未想过要去其他任何地方，但若是你们的菜单一成不变，结局又将如何？几年之后，你们中的一方或是双方可能就会对其他餐厅产生好奇感并受到诱惑。

性生活与此并无二致。变化能为生活增添佐料。即使只是一道开胃小菜，也能开启生活的新滋味。杰森说他仅仅期待偶尔能有一点新的"配菜"，但当他得知史黛拉愿意尝试"每日特供"时，很是受到鼓舞。这就是他们的故事，他们并不需要全新的菜单。只要增添一些新项目，或许就能让你和伴侣更愉快地享受两性关系。如何增添项目呢？描述你们每个人都考虑过的各种可能性，进而讨论双方都觉得舒服的添加内容。最好的方法就是使用本书作为沟通工具。

从"亲爱的，你知道吗？"开始，并将本书的某个数据值作为沟通的起点。以外来信息作为对话的开端既能轻松地打开话题，又不夹杂对个人相处模式的人身攻击。一旦你们谈及本书所提供的更具挑逗性建议，你们就会自然地过渡到是否可以亲自一试的话题。还记得本书中向丈夫提问，想知道他们之间是否有足够多热吻的女士萨奇吗？她只是因为看到我们的数据进而发问，但却因此使得两性关系质量得以提升。因此，请和你的伴侣谈谈你们的"餐馆"，开启令你舒适的可能性，并把新的品种菜式放入你们的菜单中。

第二部分
再相识

LIVING TOGETHER

第 六 章

良好的沟通，对经营婚姻关系至关重要

A："他从没认真倾听我的想法或是给过我足够的关注。"

B："我现在所有的注意力都放在你身上，这不是正认真听着吗？"

当我们让夫妻们说出婚姻关系中最具有成就感的事项时，良好的沟通遥遥领先。超过三分之一的男女将其排在首位，其重要性远超过友谊。这些夫妻还给出了如下评论：

我和伴侣拥有相似的目标和价值观。我们相处融洽，互相扶持。我们都善于倾听，同时也愿意根据情势做出改变。此外，我对她的爱简直无法用语言来形容。

——男性，33岁，恋爱3年，没有孩子

我们善于沟通，每次出现冲突，我们都有能力共同解决。我觉得自己是他生命中最重要的人之一，而他对我而言也一样。

——女性，30岁，恋爱两年，没有孩子

我的女朋友是我最好的朋友，和她在一起，我收获了最多的乐趣，笑得最多，也得到了迄今为止最美好的性体验。

——男性，33岁，恋爱1年，没有孩子

我们已经结婚27年了，而一切似乎仍越来越好，我们越来越亲密，越来越浪漫。

——男性，65岁，已婚，有孩子

我们既是最好的朋友，又是充满激情的恋人。我们注重沟通，总是为彼此相处争取时间。

——女性，42岁，结婚21年，有孩子

我们有一个和谐的家，十分合拍。我们一起大笑，一起闲聊，每周一起外出约会！

——女性，44 岁，结婚 23 年，有孩子

同样让人印象深刻的是，新近离婚的单身人士把缺乏沟通列为关系结束的首要原因。这又作何解释呢？答案其实很简单。我们都需要被倾听、被理解。我们都需要一个能给予我们安全感、新鲜感、能激发聊天兴趣的人；一个值得我们托付、能给予我们真实反馈且具有同理心的人；一个能倾听并真正"理解"我们的人；一个我们也愿意去倾听、去理解的人。沟通不仅是通向深层情感的通道，也是通向性和谐的通道。如果你想从你的伴侣那里得到更多满足，或是拒绝你不喜欢的一切，那么你需要自由地表达你的诉求，并保证信息得以准确无误地传达给对方。这就是沟通。

谁最善于沟通？

当受访男女被问道是否认为自己在两性关系中善于沟通时，90% 的男性和 92% 的女性都标榜自己善于沟通。这一结果看似还不错，但也许大家都太过于自信了。

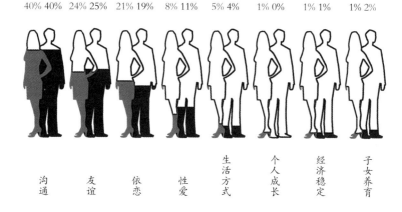

40% 40%　24% 25%　21% 19%　8% 11%　5% 4%　1% 0%　1% 1%　1% 2%

沟通　友谊　依恋　性爱　生活方式　个人成长　经济稳定　子女养育

注：因四舍五入，数值相加不为 100%

幸福夫妻认为两性关系中最有成就感的事项比较

当女性被问到她们是否认为自己的伴侣具有良好沟通能力时，30% 的女性的答案是"完全没有沟通能力"。四分之一的男性对伴侣的沟通技巧持不满意态度。

因此，究竟是哪个群体具备更好的沟通能力——是男性，还是女性？总体而言，有些研究表明女性具有更好的沟通能力。但在我们的研究中，男女对彼此沟通能力的评价基本持平。不得不说，结果相当接近，尤其是有如此多的人认为自己善于沟通，但我们调查的结果却恰恰相反。

夫妻间的沟通方式是复杂多元的，包含肢体交流、情感交流以及言语信号。因为种种原因，我们中的许多人感到难以发出和接收这些信号。沟通是关乎婚姻持久性和满足感的一项重要因素。因此，我们认为有必要更为深入地对这一复杂性进行探讨。

电子通信设备拉大了伴侣间的情感距离

借助科技进行沟通是当代婚姻关系的现实写照。仅 8% 的受访者表示从未给伴侣发过短信或电子邮件。另 9% 的人表示极少为之。这就意味着剩余的 83% 受访者通常或经常为之。美国夫妻间的电子通信已十分普遍。但这是件好事吗？

对于科技是有助于人际交流，还是不断扼杀人际交流，目前

A："今天过得怎么样？还好吗？"

B："挺好的，你呢？"

尚无定论。一方面，人们可以更便捷地保持联系；但另一方面，现在大多数的交流都以简短的文字呈现，所传达的信息其实很少。短信容易产生误会，引发不必要的争执。此外，短信取代了大量远比"今晚见"更具有亲切感的话语。

这甚至还没算上那些破坏良性关系的罪魁祸首——譬如伴侣正和你交谈时，你却在查看电子邮件；约会共进晚餐时发短信；或因白天堆积的邮件必须回复而缩短在一起的时间等。正如一位女士所讲述的那样，"仿佛大家总想着和其他人保持联系，而不是自己身边的那个人"。

你经常给对方发短信或电子邮件吗?

事实上，科技进步使得过去被人们认为是粗鲁或充满敌意的行为变得习以为常。社交评论员们担忧我们周遭有太多令人分心的事，使得我们无法成为优秀的伴侣，而且我们白天已通过短信、电子邮件和网络视讯工具分享了太多东西，回家后已经没有内容可以分享了。虽然通信技术使情侣们在长期相隔两地的状态下保持更紧密的联系，但事实上其整体影响却是拉大了他们之间的情感距离。鉴于交流沟通对于亲密关系和彼此理解的重要性，我们必须对抗这些通信设备以保持真实的联系。

不良的沟通方式

大多数人喜欢说话，这一点很好。但他们也应该知道如何倾听。研究表明，移动电话通话时间分配的均衡性显示了婚姻关系的整体平衡性。能否轻松地交流并倾听是判断婚姻幸福与否的一项基本指标。

损毁良性沟通基石的是婚姻中的一方或双方——想要在沟通中抢占上风，分出对错，而不愿彼此倾听、交换意见并最终达成共识。良好的沟通需要合作，而非对抗。请将沟通的目的看作一场完美的合作，是双赢的结果，而非让双方不愉快。

谁更经常打断他人话语？

没有人喜欢在讲述经历或分享看法时被他人打断。这不仅是不礼貌的行为，有时可能会让他人感到不受尊重。在打断他人话语这件事上，哪一性别的人更经常打断他人话语呢？男女都一样！确切地说，59% 的男性和同等比例的女性表示他们说话时经常或总是被对方无缘无故地打断。

其他研究已发现，只要双方干扰对方话语的次数大致相当，就不会造成大问题。如果只是一方喋喋不休，或只是一方不停地打断谈话，那就是关系质量下降的信号。但这并不意味着打断话语对婚姻有任何好处。我们发现，如果有人经常被伴侣打断，那么他们对婚姻感到不满的可能性就会翻倍。如果打断话语已成为一种控制方式——也就是被干扰的一方永远没有机会说完一句话，那将令人十分恼火。这预示着亲密关系甚至是和谐婚姻早已丧失。

值得庆幸的是，多数的干扰只是对某一话题的热情过了头，我们可以通过明确地说出以下这段话来纠正这一习惯："你又打断我了！亲爱的，让我把话说完好吗？我希望你能听完我的想法。"

你经常因伴侣所说的话而开怀大笑吗？

接受过我们调查的某位女性，一位 34 岁的母亲，和我们分享了她的亲身经历：她刚和朋友通完电话，坐下来准备辅导 3 个孩子完成功课。这时，8 岁的儿子对她说："为什么你和朋友打电话时总会哈哈大笑……我们从没见过你和爸爸在一起时也这样笑过。"事后，她试着回忆上一次和丈夫一起大笑的情景，却怎么也想不起来。孩子的这番话让她猛然觉醒。

与伴侣一起开怀大笑能让他们知道你全情投入并很享受和他们一起共度的时光（这也能让孩子们感到安心，知道自己的父母彼此喜欢，彼此相爱）。我们希望，调查结果能显示夫妻们都把时间花在了享受彼此的陪伴上，而一起大笑则是他们享受彼此陪伴的明显特征。我们的调查发现，有 66% 的夫妻经常或总是一起开怀大笑。在英国，这一比例甚至更高——这也许是因为英式冷幽默，或是英国人所特有的交流方式激发了聊天的乐趣。

不那么有趣的是，当夫妻相处的时间长达 10 年，这一数据出现了大幅转变。结婚 9 年以内的夫妻中，只有 4% 的人表示极少或从未和伴侣一起大笑过。但跨入结婚 10 年的节点后，15% 的夫妻已不再有欢声笑语。倘若你身处一段长期的亲密关系却已丧失幽默感，那么请考虑使用本章末尾的工具重拾家庭的欢声笑语。

为小事争吵是你们婚姻生活的一部分吗？

没有人喜欢争吵，但也没有人能逃得过争吵。一半的受访夫妻表示会因为琐事争吵，争吵无关年龄、性别、有无子女或是婚姻持续时间的长短。

争执无法避免。只有最终的结果能让问题得以解决，争执才是必须的甚至是有价值的。但争吵是一种小规模的争论，重复的挑剔通常都是为了鸡毛蒜皮的小事，永远也吵不出解决方案来。在争吵的过程中，潜在的问题和相持不下的意见将不断浮出水面。

心理学家表示无力解决问题的争吵会使原已紧张的婚姻关系受到进一步损伤。正是由于夫妻永远无法达成任何共识，才导致了关系的破裂。无休止的争吵通常是双方对婚姻产生挫败感才会彼此恶语相向。争吵是具有破坏性的沟通模式。

争吵和性爱也有着值得深思的关联性。在那些对性生活或婚姻关系极不满意的人中，45%的人表示双方经常或一直在争吵。相比之下，对性生活和婚姻关系感到满意的人中仅有11%存在同样情况。无论争吵与婚姻不幸哪个发生在前，它都是一个负面的信号。

激烈的争执

激烈的争执是争吵的进一步升级，难以被忽略，通常都围绕着重大问题展开。对有些夫妻而言，这似乎是他们生活中难以逃脱的一部分。但很明显，在受访的幸福夫妻中，22%的人说他们从未有过激烈的争执，39%的人表示在婚姻中偶尔会发生激烈的争执，

20% 的人表示一年中会发生几次。

　　偶尔发生争执并不会导致世界末日，但有 48% 婚姻不幸的夫妻几乎每天、每周、每月都在激烈地争执。仍有超过半数的不幸夫妻并未经常争执，所以公开的争执并非不幸的根源，但却是婚姻出现问题的征兆之一。

你遭受过伴侣的责备吗？

　　如果你觉得经常受到伴侣的责备，很有可能是因为对方不曾以友好的态度或建设性的方式给予你建议和反馈。批评

> **谁最苛责？**
> 三分之二的男性称妻子经常指责他们。相比之下，女性受到丈夫指责的比率约为 50%。

是一种负面的反馈形式，其措辞往往更像是人身攻击，而非聚焦在问题本身。那么，当指责成为"常态化"的沟通风格时，问题恶化、关系崩塌也就不足为奇了。

　　责备伴侣会损害多数婚姻赖以生存的信任感与安全感。设想一下，如果你的伴侣叫你"邋遢鬼，你就不能收拾一下吗？"而不是说"我们得把房子打扫干净"，你会作何反应？当本该最了解你的人说你平庸、愚蠢或无能时，你会感到极度不安。

　　受到责备而非帮助和指导是对多数人结婚誓言里永葆忠贞与爱慕的极大讽刺。但随着时间的流逝，我们似乎很难避免这种局面。

"哦，他的意见吗？这样更简单一些，不管他说什么，我都不想听。"

结婚 10 年是婚姻关系不快乐的分水岭。共同生活 10 年后，12% 的夫妻表示他们每天都遭受来自对方的责备——是的，每一天！相比之下，在婚姻关系之初，受到责备的标准值约为 5%。

最让我们惊讶的是，有 55% 自称属于"不快乐"至"还算快乐"区间的男性每周甚至每天都会受到多次指责！总体而言，似乎女性对男性的责备比男性对女性的责备多。三分之二的男性表示，他们经常受到来自伴侣的责备。相比之下，女性受伴侣责备的比率为 50% 左右。让婚姻关系变得更为稳固的一个简单方法就是双方都将所有责备对方的精力投入到解决关键性问题上，对小事既往不咎。

你是霸道的人吗？

没有人喜欢被人颐指气使，但有 45% 的受访者告诉我们，他们的伴侣经常对自己发号施令。这将对婚姻产生负面影响，正如我们从 43% 的男性那里所了解到的，他们对性生活非常不满意，且他们认为自己的伴侣极其专横。另一组值得注意的数据是，仅 10% 对性生活满意的男性表示伴侣是专横的。

令人遗憾的是，专横跋扈会随着年龄的增长愈演愈烈。在 18~24 岁的受访者中，仅 6% 的人称自己的伴侣专横跋扈，而在 55 岁及以上的受访者中，这一比例高达 27%。在一段新的关系中，仅 8% 的人认为自己的伴侣霸道，但在结婚 10 年的老夫老妻中，这一比例却达到 20%。

不管是人们随着岁月的流逝而改变，还是夫妻们随着时间的推移而改变了对彼此的看法，控制欲已逐步成为长期相处的夫妻们必须面对的问题。

> **谁最专横跋扈？**
> 55 岁及以上的男女最为跋扈。

大喊大叫

大喊大叫通常意味着某人失控、生气、好胜心强——也可以理解为是一种威胁的方式。因此当有人对你大喊大叫时，你的整个身体都会进入防御模式，以便对抗这一情绪虐待。双方到头来很可能对脱口而出的狠话感到后悔，但说出的话却永远不能收回。

大喊大叫不利于婚姻关系，进而还会影响夫妻性生活。超过半数性生活不佳的人表示他们每天都会被骂，或是每周数次。三分之一不幸福的伴侣称他们经常被骂。

通常是谁在大声喊叫？女性比男性更多，比例为4:3。这一显著差异反映出男性的隐忍，因为他们明白大声喊叫是对女性的极大冒犯。由于男女双方体格与力量的不均衡，因此男性对女性喊叫的危险系数更高。多数男性在盛怒之下会有暴力倾向。对女性而言，与其冒着身体受伤的危险进行挑衅，还不如先控制好自己的脾气。

辱骂

也许在你的原生家庭中，互相诅咒和伤害是很正常的，以至于你对这样的做法习以为常——但这依然不是你可以这么做的合理理由，尤其是在你希望拥有和谐美好的两性生活的前提下。我们的调查数据表明，90%最幸福的人从来没有辱骂过自己的伴侣。

女人们，请注意自己的语言！ 21%的男性表示伴侣经常辱骂自己。相比之下，仅16%的女性表示伴侣会使用脏话。

在其他受访者中，令人瞠目结舌的事实是，男性声称

遭受辱骂的次数多于女性。16% 的女性表示伴侣曾辱骂过她们，而
21% 的男性声称自己是伴侣的辱骂对象。

如何应对冲突?

　　所有的关系都会产生冲突。事实上，如果一段关系似乎从未出
现过冲突，有可能是这对夫妻一直在极力探索锻造亲密关系所需的
对话。婚姻治疗师费利斯·杜纳斯（Felice Dunas）表示，良好的关
系总是在冲突与和谐之间摇摆，而一段非常亲密的关系往往会摆向
极端，而不仅仅停留在"安全地带"——仅从表面处理问题，甚至
从不触碰问题。但许多夫妻害怕冲突，因此双方竭力避免甚至不承
认意见分歧。这使得分歧不断扩大，最终引发持续的愤怒并伤害感
情。面对冲突，我们应该有更好的解决办法。

你曾躲避过自己的伴侣吗?

　　人有一长串需要独处的理由。也许在某天的早些时候你们发生
了争吵，你需要一段"暂停时间"冷静；或许你只是想在结束漫长
的一天前得到片刻的宁静。但对方却无法总是理解或配合这一独处
的需求。这或许就可以解释为何 78% 处于"婚姻不太幸福"至"婚

"吉姆（Jim），你在哪儿？"

躲避冲突

姻还算幸福"区间内的男性表示有时会躲避自己的伴侣。

即便是对婚姻关系感到满意的男性中，也有 38% 的人表示他们会寻找一个好的藏身之处。看起来，男性似乎更擅长躲避。

至于女性，40% 的人表示只喜欢偶尔独处，需要私人独处的时间与他们对伴侣的感觉无关。换句话说，躲出去并不一定意味着婚姻出现了问题。

沙发时间

你有过独自睡卧室而对方睡沙发，或独自睡沙发而对方睡卧室的经历吗？这一情况并不罕见。逾半数受访者曾因为不合而偶尔分开就寝，这使我们自然地得出每个家庭都需要一张沙发的结论。

说真的，当一方搬到沙发上睡时，许多夫妻会觉得婚姻失败或已陷入危机，但我们的调查表明，这是极度愤怒的正常反应——此时此刻你想和伴侣保持身体以及心理上的距离。偶尔在沙发上过夜并无大碍。事实上，这可能是避免整晚吵架并获得一夜好梦的最佳方式。只有在其演变为日复一日的行为或变成某种惩罚或羞辱手段时，在沙发上过夜才会对婚姻关系造成损害。

但需要注意的是：沙发过夜活动与总体幸福感和性满意度之间存在细微的关联性。仅1%的幸福夫妻表示他们曾在沙发上过夜。相比之下，18%不幸福的人表示他们经常或一直睡在沙发上。

隐藏秘密

你可曾因为想避免冲突而对伴侣隐藏过秘密？如果答案是肯定的，你也大可不必担心，因为其他人也是如此。

在美国，43%的男性和33%的女性表示自己对伴侣隐藏了重大的秘密，甚至27%的幸福夫妻也对彼此有所隐瞒。在法国和意大利，秘密被视为一种生活方式：四分之三的欧洲男女对伴侣隐瞒了极为私密的事，尽管这可能与欧洲的文化习俗有关。这些国度并不欣赏百分百的坦诚。在美国，情侣间窥探任何秘密都会被视为对亲密关系的侵犯。

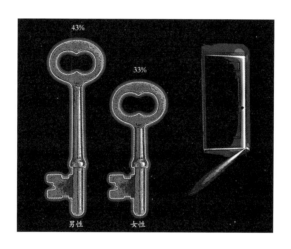

向伴侣隐瞒秘密

出乎意料的是，很多人与我们分享了他们的秘密。也许，卸下包袱令人感觉良好，尤其是当许多秘密都涉及欺骗与羞辱时更是如此。最常见的秘密包括情感和身体上的不忠、借贷、堕胎、窥探伴侣等，也包括以下情形：

我的个人财务状况。债务远比我们约定所能承受的要多。

　　　　　　　　——女性，56 岁，结婚 11 年，有孩子

现在的我过得并不快乐，我希望我的初恋能回到我身边。

　　　　　　　　——女性，49 岁，结婚 24 年，有孩子

还没遇到现在的伴侣前，我就开始和另一个女人保持着性关系。

> **⊕ 全球观测点**
>
> 75% 的法国和意大利男女向伴侣隐藏秘密。

　　　　　　　　——男性，62 岁，离异，认真约会半年，有孩子

我假装性高潮，总是如此。但真的不是只针对他，而是所有和我上过床的人。

　　　　　　　　——女性，28 岁，认真约会 1 年，没有孩子

我的年龄、出生地以及我的家庭。

　　　　　　　　——女性，45 岁，结婚 6 年，没有孩子

我需要更多的情感与身体接触。

　　　　　　　　——男性，67 岁，结婚 32 年，没有孩子

我从没完整念过大学。

　　——女性，34 岁，离异，认真约会 1 年，有孩子

我的资产净值。

　　——女性，离异，认真约会 1 年，有孩子

我真的很喜欢她的朋友。

　　——男性，26 岁，认真交往 1 年，没有孩子

我做了输精管结扎手术，而我妻子并不知情。

　　——男性，40 岁，已婚两年，没有孩子

婚姻新常态建议

　　凯文（kevin）和詹娜（Jenna）的婚姻似乎很正常。他们有两个孩子以及装饰华丽的家，而且两人都是高收入者。他们看上去很幸福，但一场看似微不足道的争吵却不断侵蚀着他们的婚姻。多年来，每天当凯文走进浴室时，都会发现詹娜乌黑的长发散落在墙上。日复一日，年复一年，他都会把头发清理干净，并反复告诉詹娜，她洗澡时掉的头发让他心烦。凯文也要求詹娜自己清理，但詹娜觉得这是小题大做，并不理睬。结果呢？ 每天凯文都气鼓鼓地去上班，

因为这确实让他十分厌烦；而更让凯文厌烦的是詹娜一点也不尊重自己，甚至总是把他的要求当作耳边风。

这就是"浴室效应"如何毁掉一段婚姻的生动案例。因为这件事总是悬而未决，下班回家路上，凯文对詹娜的不满仍在持续发酵，因此他径直去了自己的家庭办公室。在厨房做饭的詹娜，根本不知道凯文生气了，大声地叫他跟孩子们打个招呼。凯文不理她，自言自语地说他累了，需要单独待一会儿。詹娜又带着怒气来叫他，而凯文再次不予理睬。既然她连保持浴室干净整洁这一基本礼节都做不到，他为什么还要听她吩咐呢？

这是詹娜和凯文共同铸就的生活常态。过了这么多年他们却丝毫没有意识到这一点。随着"浴室效应"从一个涟漪发展为惊涛骇浪，这已波及他们生活的其他领域，让他们常常对彼此感到恼怒和失望。沉积的怨恨削弱了他们对彼此的感情，阻碍了他们的性生活和家庭交流。他俩都羡慕其他夫妻能拥有轻松的交流氛围且互相尊重，但双方都不知道如何去改变，因此呈螺旋式下降的满意度导致了他们的婚姻进入危险的新常态。

他们之间的一大问题是双方都认为自己知晓对方的快乐需求，但却从未开口问过对方是不是这样。他们从来没有谈论过彼此生活中最看重的事，也从没讨论过彼此最需要对方做的事。针对凯文和詹娜的婚姻问题，解决办法就是"最重要的五件事"这一工具。

鉴于这一工具在没有太多干扰的轻松环境下效果最佳，詹娜为孩子们安排好保姆，便邀请凯文出去共进晚餐。单独相处时，她让凯文想想生活中不包括妻儿在内的五件快乐的事。凯文对这一问题表示高兴，并积极地思考。他列出了自己的五大爱好：冲浪、瑜伽、露营、背包游和骑行。如果生活中充满了这些事，他将感到快乐。詹娜听了之后，也分享了属于她的五大爱好，包括与朋友和同事保持联系、写作、跑步、旅行以及享受自然风光。

为什么向对方公开这些愿望清单如此重要呢？因为对方的快乐不需要协商。詹娜无法反驳或剥夺凯文的快乐，反之亦然。他们都需要承认和尊重彼此的个人爱好，并在改变现有关系过程中将这些因素考虑在内。因此，这一练习的第一步对于创造能让双方都满意的婚姻新常态至关重要。

紧接着，詹娜和凯文需要对他们最希望对方改变的五件事进行排序。当他们写完清单之后，凯文主动告诉詹娜他的第一个要求："我真的需要你洗完澡后把头发清理干净。"

詹娜不敢相信凯文会认真地把这个要求排在前五位，更不敢相信他会将其摆在第一位。由于他的这一需求对她而言无所谓，所以她又想再次无视凯文的需求。但是游戏规则让她无法继续这么做。凯文说话的时候，詹娜不得不静静地坐着听，分析他所说的话，既不能打断也不能做任何评判。在凯文说话的过程中，她听出凯文对此事是认真的——认真到足以把他的这一需求列为詹娜必须首要考虑的事。

接下来的一步至关重要。凯文在描述完自己的第一个请求以及得到许可开始讲述第二个请求之前，必须先倾听詹娜的首要请求——那就是凯文下班回家后应该至少花十分钟与孩子们聊聊天。当凯文听到妻子的首要请求时，他的惊讶程度不亚于詹娜意识到他需要整洁的浴室时的反应。他没有想到他所需要的片刻安宁对于妻子而言是个大问题。

既然他们已经分享了各自的首要要求，双方便达成协议：如果詹娜每天洗完澡后能把头发清理干净，那么凯文一下班回家就和孩子打招呼聊天。这项约定在相互制衡中消除了指责，体现了互谅互让，使双方达成了共赢。

凯文和詹娜在进入第二项需求的商谈时，发现了让这一工具发挥作用的诀窍：以开放的心态倾听，警惕伴侣和自己的防御性反应。否则防御性反应可能会消解工具的优势，正如凯文以抱怨的口吻向詹娜提起第二个请求时那样。他说，詹娜所从事的房地产工作让他觉得自己处于次要地位，因为她总是不停地打电话、发短信或参加社交活动。詹娜听后立刻火冒三丈。她不觉得自己"一直"在工作，于是变得急躁起来，提醒凯文她的收入也对家庭做出了贡献。尽管"最重要的五件事"这一工具十分奏效，但如果双方均以这样的态度做出反应，那是行不通的。

詹娜的抵触情绪源于她对凯文想剥夺她家庭以外社交需求的担忧，但她需要把这一忧虑暂时搁置，停止假设并试着倾听凯文的看法，听听自己的工作习惯是如何影响凯文生活的。当詹娜确实仔细倾听后，她理解了凯文只是想得到更多的关注。但轮到她提请求时，她说她需要凯文做的第二件事就是"请不要让我在打电话或与他人社交时怀有罪恶感"。詹娜解释说，她觉得凯文的控制欲太强了。当然，凯文有许多话想说，但此时此刻他也只能倾听。

当把他们的两个要求都清楚地传达给对方后，谈判就此开始。鉴于这当中包含的怨恨以及被对方忽略的感受，这一环节几乎无法完成，但双方的协商结果却出奇简单。詹娜提出，如果凯文能给予她足够的情感空间来满足她的工作需要，她会努力给予凯文更多的关注。这一方法对凯文十分奏效！现在詹娜有动力设定某些界限，以更好地平衡她对工作和家庭的投入。

他们进一步讨论了能让凯文获得专属感与爱的特定需求。双方达成一致，詹娜每天都应抽出时间与丈夫交流，并且经常抽出一两天时间共度二人世界。她答应在那一时段将手机关机。如果她连续一两天都有社交应酬，她就在第三天和凯文共度美好时光。

他们用相同的方式处理完成列表上的所有其他请求。最终的结果如何？凯文对这一婚姻新常态十分满意，不再与詹娜的工作与生活抗争，詹娜也不再感觉受到控制与胁迫。双方共同遵守这项计划，久而久之，这项计划为他们的生活带来了令人满意的崭新婚姻常态！

由于"最重要的五件事"是夫妻之间最有价值的交流工具之

一，因此让我们一起来总结一下这一工具的基本规则：

准备阶段：找一处寂静、舒适、不受干扰的房间安静下来。双方都全神贯注地倾听，不打断对方的话语。

步骤一：双方都列出自己在生活中感到幸福的五件热衷的事情或兴趣爱好。互相分享清单内容并进行讨论。需要重点强调的是，这些选择应把伴侣和孩子排除在外。步骤一是不需要协商的，因为个体的快乐无法通过协商获得。步骤一重在学习、理解和尊重能给对方带来幸福感的事项。

步骤二：接下来两人都花些时间在纸上列出能让伴侣感到更幸福的五件事。

步骤三：由一方描述自己的首要请求，另一方只允许倾听。

步骤四：在不对先前请求做出回应的前提下，由另一方描述自己的首要请求。

步骤五：在不批评彼此请求的前提下，双方通过交换或互相理解达成协议，尊重并满足对方的请求。

步骤六：循环使用步骤三至步骤六，完成双方所列的其他四项请求。

听起来是不是很简单？事实就是如此！只要你心平气和地表达与倾听，开诚布公地协商，努力达成共识并遵守双方的约定，这一方式将有出其不意的成效。

在双方都了解了对方的五大需求后，有效的方式是你们也可以聊聊对彼此需求清单的看法。例如，詹娜认为凯文对她最大的需求就是每天都能吃上一顿热气腾腾的晚餐。她认为晚餐对凯文而言很重要，因此不管自己有多忙，她通常都会赶回家，为他和家人做饭。但事实证明凯文并不在意晚餐，他更在意的是回到家中时看见一个心情愉悦的妻子，而不是吃一顿妻子视为义务而准备的热气腾腾的饭菜。双方对这一误解一笑置之，但也惊讶地发现，这导致了他们之间长期的、不必要的负面婚姻常态。

工具 13 ▶ "最重要的五件事"——驱散恐惧的良方

"最重要的五件事"这一工具能极大地改善沟通质量，甚至能为问题夫妻缔造和谐关系。然而，它也会暴露双方无法或不愿协商的棘手问题。在这种情况下，这种做法可能会在决定解除关系时发挥作用。正是由于这个特殊原因，有些人不愿尝试这一工具。他们担心自己的伴侣不会在关键问题上妥协，或是担心伴侣提及自己不想触碰的问题。避免交流似乎是安全的出路。

如果你是因为以下原因而不愿尝试"最重要的五件事"这一游戏，请克服内心的恐惧并使用以下建议：

❤ 你是否因为过度解读结果而害怕？不要担心"万一发生什么"的情况。不要抱消极的态度或将其看成一场测验。相反，请在双方都感到放松，觉得彼此交流顺畅时使用这一工具，享受此中乐趣。

❤ 你是否因为自认为了解伴侣对你的需求而害怕？考虑一下，对预计会出现在对方需求清单第一位的事开始做出改变，一个月后再尝试使用这一工具。譬如，假如你每天都工作到深夜，而自己也知道这令伴侣十分抓狂，那就有先见之明地改变你的日程安排，以结束此类冲突。告诉对方在哪几个晚上你需要工作，但也和对方协商并预留出有利于改善关系的黄金时间。但请你牢记，越早使用这一工具越好。你可能并不像自己所想的那么了解对方的诉求。

❤ 你是否因为不确定这一工具使用的成效而害怕？放心，这一工具是你创造令双方都感到满意的婚姻新常态的最佳选择。倘若你不曾了解过对方的真实喜好，你就无从知晓婚姻的本质，也就有可能错失良机。

工具 14 ▶ 阻断失控的局面

阻断失控的局面的唯一方式就是打破这种看似正常的恶性循环，停止对消极行为的反复强化。但如果你已身处婚姻旋涡的底部，又当如何是好呢？如果沟通已变得异常困难且往往事与愿违，那么你需要第三方协助你渡过难关。

如果你尚未开始行动，请找一位经验丰富的婚姻顾问或治疗师。事不宜迟！没有人愿意生活在了无生趣、互相伤害、伤心压抑的婚姻模式中，尤其是当全新的婚姻常态触手可及之时。

你的生活应该由你来改变，但不一定要不断想出防御机制来阻断失控的局面。假如对方不支持你的这种改变，那么请仔细阅读第十五章，再决定你在婚姻中的去留。

工具 15 ▶ 认真倾听，不急于辩解

最简单的沟通工具就是倾听伴侣的心声。这听起来似乎很简单，认真倾听需要专注与包容。男女抱怨最多的一点就是他们从未得到伴侣全心全意的关注。如果对方没有在听，你怎能分辨自己的心声是否已被对方接收？理想形象疗法是一种婚姻关系矫正模式（Imago therapeutic method，一种两性关系治疗方式，专注于通过关系联结将冲突转化为关系疗愈与关系成长），其中包括一项练习：一方说出自己的想法，另一方倾听，直至一方说完。然后，听者复述他所听到的信息，并由说话者对复述内容进行核准或做出更正。只要双方都认同信息已接收无误（不必表示赞同，只是接收到而已），便轮到听者开始说话。如此循环往复，让每个人都有机会好好倾听与表达。这一练习有助于减缓会话速度，提升沟通成效。

工具 16 ▶ 说出你的想法

　　另一个简单的沟通技巧是：当你有积极的想法时，不要过度分析或有所保留，而是与伴侣分享。如果你觉得对方的话睿智、感人，那就表达出来！与他人分享你的想法一般都能提升情感联结感，也充满了乐趣。例如，在我们的调查中，有许多夫妻把这一工具当作游戏：不管他们身处何地，在做何事，只要其中一方认为对方看起来性感或精神抖擞，就会立刻表达出来。因此，他们彼此分享了很多以前从未分享过的私密想法。

工具 17 ▶ 不可侵犯的聊天时间

　　每天安排一次真正的约会聊天，可以是一天中的任何时段。如果双方都醒得早，可以在床上或喝咖啡时聊天。如果你们能在下班后或晚饭后一起放松一下，那就将其排入生活日程。关键在于要每天预留时间用于分享你们的想法、经历和亲密感。

工具 18 ▶ 暂停时间

　　小时候妈妈可能告诉过你"不要带着怒气入睡"，但在涉及婚姻关系时，这未必是最好的建议。通常更具建设性的做法是在谈话前让自己的情绪冷静下来，而不是还在气头上就着手解决问题。因此，当局面陷入紧张时，给彼此一点暂缓的时间，约定第二天再讨论此事，在此之前不做任何评论。暂停过后，双方彼此叫喊、互相防备或是打断谈话的可能性便会小得多。

第 七 章

你的外在形象会影响婚姻质量吗?

"我又做了什么?"

伴侣的外在形象对婚姻关系的影响

外表在婚姻各个阶段的重要性

假如你认为伴侣爱你本真的样子，你可能是对的。但假如你认为外在形象不会影响婚姻关系，那就大错特错了。总体而言，88%的女性和75%的男性表示，他们认为外表会直接影响他们的日常幸福感和工作效率。理所当然，他们的关系也会受到影响——情况远比你想象的还要严重！

美国人尤为如此，沉迷外表给他们带来巨大压力。他们对自己的身体、脸蛋、腰围、皮肤和头发都很挑剔。然而，许多对自己的外表不满意的人却极少或从未做出过改变。这一切伴侣却都看在眼里。

糟糕的是，这种情况往往会随着时间的推移而不断恶化。

初始阶段

在两性关系的初始阶段，大多数人会花大量精力让自己呈现出最佳状态。那时的我们总是有坚持运动、穿衣得体、饮食健康、保持精力充沛的自觉性。我们努力让自己看起来具备吸引力。在结婚1年及以内的夫妻中，仅13%的人说他们希望自己的伴侣在外表上多花点工夫。但慢慢地一切开始变得不一样。我们开始对自己的状态感到自满，我们彼此之间变得熟悉，因此关系常态也随之发生了变化。我们没有把时间和精力花在为我们的伴侣而打扮自己，而是让其他重要的事情占据了上风。

6~9 年后的关系转变

我们从婚姻的第 6~9 年数据中看到了巨大的转变：43% 的人认为他们的伴侣并未很好地做好个人管理！人们抱怨的不仅是在共同外出时伴侣应该打扮得更为光鲜，还包括在居家环境中他们也该好好收拾自己。

出乎意料的是，有子女的夫妻和未生育的夫妻对待外表的态度并无明显不同。两组夫妻都有可能在几年之后把外表摆在次要地位，直到忽略个人保养成为影响婚姻关系的重要问题才重新关注。超过三分之一的受访者（36%）表示，他们希望对方能更努力地给他们留下好印象。怀有这种感受的人认为自己婚姻不幸福的概率也更高。那么，为什么我们不再关心自己在伴侣眼中的样子了呢？

我不能理解……为什么我的妻子每次去健身房或者和她的闺蜜外出吃饭时，总是打扮得漂漂亮亮，却再也不想做任何事来打动我。

——男性，51 岁，结婚 19 年，有孩子

女士们，请振作起来！

我们与一名 24 岁的女性分享了这组数据。这位女性与一位身处另一个城市的男士正处于异地恋的第二年。他们的相处很自然，因此，她觉得没有必要为了男友刻意打扮。假如她去机场接男友，套件汗衫，也不化妆，对她而言没什么大不了。她觉得男友不会在乎这一点，但却从未问过他的想法。当她将我们的这组调查数据告诉男友后，他的回答令她吃惊。男友说，当她穿着汗衫出现在他面前时，他会觉得女友压根不重视自己，因为女友甚至连花一两分钟打扮一下，让他觉得赏心悦目都不愿意。事实上，打扮整洁对他而言是件大事！这位女性立刻调整了自己的常态，把自己打扮得漂漂亮亮以表现出她非常在乎这段关系。

许多人认为，一段稳固的关系就像给他们颁发了一张免费许可证，让他们不再担心自己的外表。但这也许是个危险的假设。有意或无意地，有些人通过增加体重、不经常洗澡、穿破旧的汗衫和脏牛仔裤来考验爱情——甚至在约会之夜也是如此。实际上，他们是在刺激伴侣证明他们仍然相爱。如果对方表示抗议，他们甚至会将此视为背叛。这并非良性的关系常态或健康的关系动态。

大多数女人至少会在某些时刻努力打动伴侣。绝大多数婚姻幸福的男性（88%）表示，他们的伴侣会努力保持光鲜靓丽的外表。仅 8% 的美国女性表示她们从不为此大费周折；59% 的女性表示偶

尔为之。整整三分之一的女性表示，事实上她们一直努力让自己在
伴侣面前保持良好的形象。

是否会为了伴侣花心思打扮自己当然不仅仅是美国人的问题。
在全球范围内，8%~26%的女性不会为了给爱人留下好印象而刻意
打扮自己。令我们惊讶的是，放任自己外表的最大受访者群体居然
来自法国。超过四分之一的法国女性表示她们不会费心打扮自己。
这也许是因为她们已经打扮得足够时髦，因此不需要再额外费心！
然而，仍有74%的法国女性至少会在某些时刻努力打动伴侣。

男士们，请振作起来！

当然，男女对伴侣外表
的关注程度是相当的。我们习
惯地认为男性需要更多的视觉
刺激，更喜欢自己的伴侣是其
他男人崇拜的对象，但其实女
性同样也希望他们的伴侣整洁

> 🌐 **全球观测点**
> 谁从未想过要努力打动自己的
> 伴侣？
> 26%的法国女性表示，她们不会为
> 了给伴侣留下好印象而刻意打扮。
> 30%的南亚国家男性表示，他们从
> 不刻意给伴侣留下好印象。

光鲜。没有哪个女人真心想看到她的丈夫多年来每天都穿同一件衬
衫！30%在婚姻中感到不幸福的女性表示，当伴侣外出或在家时不
修边幅、穿着邋遢时，她们的失望感会不断蔓延。

"这条牛仔裤一定是被洗衣机洗过之后缩水了。"

体重对性生活和婚姻幸福的影响

一位体型匀称的女士透露，她需要一些建议来激励丈夫减肥。尽管她仍然爱着丈夫，但丈夫的"啤酒肚"让她觉得他已不再性感了。久而久之，丈夫所能唤起的性吸引力逐渐减退，直至消失殆尽。每每触及体重问题，这位丈夫总是表现出抵触和愤怒。双方都对现有的状态不满意，却不知道该如何是好。不幸的是，这种情况实属普遍。

在被问及是否对伴侣现在的体重感到满意时，40%的男女给出了否定的答案。在被问及是否介意伴侣发胖时，54%的男性和42%

的女性表示介意。

但当问题转向自身体重时，答案变得更为苛刻。超过 68% 的受访者表示他们想减肥。即便我们认为其中的某些人实际上并不需要减肥，高比例的自我厌弃也预示着这些人处于性生活以及婚姻关系的糟糕状态。当我们不喜欢自己的容貌，或对自己的裸体感到不适时，我们的自信和自尊就会

> **🌐 全球观测点**
>
> 认为自己体重超标的调查结果：
> 美　国：68%
> 英　国：63%
> 菲律宾：61%
> 加拿大：56%
> 南亚国家：52%
> 澳大利亚：46%
> 拉丁美洲国家：42%
> 认为伴侣体重超标的调查结果：
> 英　国：43%
> 美　国：41%
> 加拿大：37%
> 澳大利亚：33%
> 西班牙：23%

受到打击，因此很难觉得自己性感，值得拥有性激情。一个连照镜子都受不了的人怎能忍受赤身裸体地呈现在他人面前？更不用说向他人展示激情四射的姿势了。

肥胖和对性生活的不满之间有着惊人的联系。在对性生活不满意的群体中，83% 的人觉得自己太胖了。这也就难怪节食减肥类书籍总是屹立热销书榜，经久不衰！对于大多数人而言，要是减肥不那么困难该多好，但要保持现有体重也绝非易事。

我们也确实在世界各地的调查数据中找到了一些亮点。我们特别欣赏拉丁美洲国家的人和澳大利亚人。比起其他地区的人口，这两个地区有超过半数的人对自己和伴侣的身材都感到满意。

体重增加会危及婚姻关系吗？

答案是肯定的！对婚姻整体关系表示不满意的受访者中，有60%的人也对伴侣体重超标表示不满。肥胖使得我们生活的各方面陷入窘境，婚姻关系也难逃其中。

许多文献都记载了越来越高的肥胖率对美国人健康的危害。肥胖还会降低性欲和性满意度，这或许就能解释83%的肥胖夫妻性生活不和谐的原因。肥胖并不一定会直接影响夫妻关系的整体幸福感或忠诚度，但毋庸置疑的是：当男女中的一方不满意伴侣的外表时，将对夫妻间的亲密关系产生负面影响。

你会为爱而整形吗？

我们如何看待和打扮自己是一回事，而伴侣如何看待我们，希望我们如何打扮又是另一回事。但两种观点都不是空穴来风。我们每天被周遭的人所围绕，也经常将他们与自己比较。诸如此类的比较可能会将我们原本认为正常的事物变得复杂，甚至扭曲。

尤其是美国人，他们所在的社会文化中充斥着模特、运动员和好莱坞明星，这些人代表着健康和美丽的顶级水准。这些身材完美的典范被人们作为范例来展示，我们中的许多人都忍不住拿自己以及伴侣同这些人比较。尽管我们知道他们的身材在现实生活中并不具备代表性，同时我们也不太可能通过自然的方式去复制他们的身材（即使我们每周 7 天，每天 24 小时待在健身房里），但有一个蓬勃发展的行业已经做好准备，愿意"帮助"我们以非自然的方式改变自己的外表。

整形手术

整形手术费用高昂，而且和所有手术一样存在医疗风险。术后的恢复是痛苦的，效果也各有不同——有人感到异常满意，有人感到无比失望。即便如此，调查发现仍有

🌐 **全球观测点**
假如有用之不尽的钱财，愿意接受某种形式整形手术的人群调查：
拉丁美洲国家：63%
美国：60%
菲律宾：51%
英国：46%
加拿大：46%

4% 的男性和 10% 的女性曾通过整容手术来提升自我形象。至于其他人，我们想了解他们拒绝整容手术的原因。是他们不信任整形手术？还是高昂的费用以及对于手术风险的担忧打消了他们"动刀"的念头？

调查过程中我们问道："假如你有用之不尽的钱财，你会选择走捷径而让自己变得更好看吗？比如整容、吸脂、拉皮、接发、口腔整形等。"在美国这一调查数据令我们震惊。65% 的美国女性和 43% 的男性表示，只要能负担得起手术的费用，他们愿意接受某种

形式的整形手术。全球范围内也有近半数受访者表示愿意！按这样的比例，假如美国和世界各地的整形手术费用不断下调（或经济持续大幅增长），我们最终很可能看起来都是一个模样。

想做整形手术的想法部分来自个体自我形象问题，也有部分来自个体的认知——对于伴侣希望他们改变容貌的认知。但我们当中又有多少人能确切地知道，假如对方有能力改变我们，他们会希望我们变成什么模样呢？伴侣们并不总是给予对方真实的反馈，尤其是在涉及容貌问题时。因此，我们希望能够找出隐含其中的真相。

"我做了整形手术，你觉得效果如何？"

你希望伴侣改变哪些体型特征？

我们的调查结果表明：如果可以的话，约四分之一的人（33%的男性和22%的女性）最想改变伴侣的体重，其次是体形。约有9%的男女希望伴侣的体形能更匀称。

我们提供了一长串"身体变化"的清单以供选择，而有趣的是，在抱怨榜单上位列第三的是身体私密部位。8.2%的男性将改变的目标锁定在伴侣

> **一厢情愿的想法**
>
> 如果可以改变伴侣的某个身体特征，他们最想实现的三个愿望是：1.改变体重；2.改变体型；3.改变阴茎或胸部大小。但也有26%人表示什么都不想改变！

胸部的大小或形状上，而7.4%的女性认为伴侣阴茎的大小或形状可以进行某些调整。但这些选择可能更多地与当前铺天盖地的阴茎增大和隆胸广告有关，而不是与真正的个体厌弃有关。暗示的力量有时会压倒真相。事实上，我们发现阴茎和胸部的体征与婚姻幸福并无任何关联。

牙齿，至少在女性列出的抱怨榜上，排名第四。但同样的，这很可能是受到目前市面上关于牙齿美白产品广告的影响！与此同时，男性也逐渐关注身体的另一末端——他们希望对方的臀部能更符合自己的喜好。

其余令人不悦的因素还包括身高、衰老迹象、鼻子或体毛等。

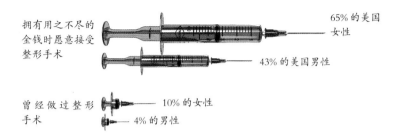

拥有用之不尽的
金钱时愿意接受
整形手术

65% 的美国
女性

43% 的美国男性

曾经做过整形
手术

10% 的女性

4% 的男性

美国男性和女性做整形手术的比例

除非此类调查结果令你感到困扰，否则请你放心，并不是所有人都想改变自己伴侣的外表。在所有的受访者中，超过四分之一的人表示他们喜欢伴侣的容貌，因此不想做任何改变！

是时候锻炼和健康饮食了！

我们的调查结果表明，合理运动、健康饮食以及善待自己能让伴侣感到快乐，也能提高自我的日常愉悦感，更不用提对自身健康、力量、情绪和寿命的好处了。理论上，积极的改变应该从走进离家最近的公园或健身中心开始。那么，为何又有那么多夫妻既想改变体型却又不付诸任何行动呢？

"别担心，这是脱脂蛋糕和低脂冰淇淋。"

完美体形是先天好基因还是后天努力的结果？

宿命论是罪魁祸首之一。当我们问道："极致的吸引力与健美身材是否可能实现？"47%的受访者给出了否定答案。认为理想身材无法实现是人们不想运动的一大原因。因而大多数持有类似想法的人根本懒得去健身也就不足为奇了。

我们还问道："当你看到一个你认为体型完美且非常健康的人，你认为这主要是归功于基因、健身还是营养均衡？"绝大多数人（97.5%）认为至少有一部分归功于良好的基因，只有2.5%的人认为与基因无关，并认为完美的体型与健康完全可以通过良好的饮食

127

和锻炼来实现。

如果你选择相信最佳体型只属于基因优越的人，那么自然而然地就会认为通过运动和锻炼达成自己目标的尝试是徒劳的。然而，我们所处的社会对于体重高度敏感，致使放弃体型管理是不被社会接纳的，导致我们捏造出诸如没有时间、金钱、精力或注意力去摄入更好的食物或锻炼等理由。这也使体重成为令人沮丧的话题，令许多人充满了羞耻感。

在受访夫妻中，无论年龄大小，是否有孩子，60% 的人都表示他们极少或从未一起运动。他们认为之所以没有采用这样的方式鼓励彼此运动主要是因为没有时间，但我们认为原因不仅如此。假如更多的夫妻可以一起运动，他们就可以共同应对调查所显示的多个不同关系领域所亟待解决的问题。其中最重要的一点就是可以共度时光。具有讽刺意味的是，尽管这些夫妻表示无法一起运动或花时间相处的原因是大家都忙，但当我们问及他们花多长时间玩电脑时，80% 的人表示每天基本花费一个多小时，用于和工作无关的上网或网络聊天。还有 26% 的人回答每天上网的时间超过 3 个小时！显然，人们完全能够为运动腾出时间，这仅仅是自身选择的问题。

婚姻新常态建议

娜塔莎（Natasha）和达里尔（Daryl）结婚的时候，两个人都非常光彩夺目。娜塔莎穿着婚纱，看上去像个时装模特，而达里尔依然保持着他大学时期的运动员身材。然而，在工作和孩子开始主宰他们的生活后，保持体形和营养均衡就被他们抛之于脑后了。他们甚至不再散步，新鲜的海鲜和沙拉也被孩子们喜欢的鸡块和玉米饼等食物所取代。吃下无数份通心粉和奶酪以后，娜塔莎和达里尔的体重都增加了4~5千克！

　　某个周末，达里尔顺道参加了一场社区篮球赛，他发现自己已经无法在篮球场上驰骋了。他气喘吁吁地想，"我究竟是怎么了？"不仅是体重和外表发生了变化，他的基本身体素质也每况愈下。达里尔深深地感受到自己必须扭转这一衰退过程。

　　他来到一家健身房，开始在教练的指导下锻炼。后者告诉达里尔，他需要彻底地改变饮食习惯。额外的好处是，如果他把更健康的食物带回家，就能为孩子的膳食提供更为健康的选择。但他必须小心处理这一变化。如果他告诉娜塔莎要多做些营养膳食，她可能会将其视为批评并做出防御性反应。以身作则是更安全的途径，因此达里尔开始亲自购买新鲜农产品。他自告奋勇地共同承担做饭任务，并开始准备更健康、更清淡的饭菜。娜塔莎对他在厨房里给予的帮助印象深刻并心怀感激，全家人都从中受益。

　　达里尔还重新安排了自己的日程表，以确保一周数次的锻炼频率。没过多久，他的外表和状态开始好转。娜塔莎注意到了这一点并决定自己也要更上一层楼。达里尔帮她挤出时间，让她也可以投入运动。通过相互支持，他们提升了整个家庭的生活常态值。

重要的是，娜塔莎和达里尔均各自做出了改变的决定。我们都清楚你永远不可能强迫他人运动或更合理地饮食，就正如你无法强迫朋友戒烟一样。批评伴侣的体重或啤酒肚，要求他们去健身房不仅不会给你带来任何积极的结果，还有可能会让婚姻关系产生巨大的裂痕。如果你想鼓励伴侣健康饮食、锻炼身体，你需要像达里尔那样以身作则。以下是一些其他可以帮得上你的小工具。

工具 19 ▶ 挑战来了，为了更好的健康！

轮流向对方发起健康挑战，使用奖励来开展游戏。譬如，也许夫妻双方都经常出去玩乐，喝了过量的啤酒或葡萄酒，可以互相挑战戒酒三周。谁先喝了第一口，谁就必须为对方做背部按摩或足底按摩。你也可以用这个方式戒除甜食、加工食品、苏打饮料或任何不健康饮食。倘若双方都能成功地完成挑战，那就奖励自己一个特别的夜间外出约会或周末旅行。好处是无穷无尽的！

工具 20 ▶ 挑战来了，为了更好的身材！

根据我们的调查数据，如果人们能少花点时间上网或看电视，他们就能把这些时间花在和对方一起运动上。你可以运用"挑战来了"的概念，向对方提出一项运动挑战。即便是一周步行三次，每次 20 分钟的运动也算是一个良好的开端。让共同运动成为你们一同消磨时间、照顾身体的生活新常态吧！

你们也可以共同实施一项为期六周的挑战项目。每人必须选择三种健身活动，然后不断轮流更换，这样每周就能尝试不同的运动。将本周的活动与交叉训练、攀岩、武术、舞蹈、普拉提或瑜伽等活动结合起来，六周过后，你们必定能找到双方都很喜欢的运动项目，而婚姻关系也将从多方面受益！

工具 21 ▶ 两个人的时装秀

一起去你们最喜欢的购物中心、百货公司，或是好的寄售店或旧货店，花几个小时挑选衣服。轮流向对方展示自己喜欢的衣服并穿在身上，然后让对方挑选他（她）想让你穿的衣服。试着为对方至少挑选一套衣服，然后在当天晚上或那个星期的晚些时候穿上你们的新衣服外出约会。

工具 22 ▶ 两分钟调味剂

花两分钟打扮自己会带来怎样的变化呢？变化是巨大的！这不仅是在向伴侣表明你的重视，也会让你自己心情愉悦。懒散的衣服也许舒适，但整天穿着汗衫出门，不洗澡或脏兮兮的，不太可能让你觉得自己充满吸引力。花点时间换上更有风情的衣服。只要花上几分钟就能左右伴侣对你外表的反应。这一点不仅适用于女性，也同样适用于男性。随手翻开一本带有男性广告的杂志，无论是《男士健康》（*Men's Health*）、《美国青年杂志》（*YM*），或是《时尚先生》（*Esquire*），你都会发现换上一套不错的西服、一件干净的衬衫和一条合体的牛仔裤会带来多大的不同。有些人以无视商业主义持续的宣传鼓吹为傲，但完全屏蔽时尚与自我修饰的信号则会错过某些有用的建议。即使是剃须后涂抹乳液这样的小变化也能够提升伴侣的好感。

第八章

平衡工作和婚姻是一门学问

产妇对电话那头的丈夫说:"你说不能离开办公室是什么意思?"

伴侣如何看待你的工作?

平衡工作和婚姻之间的关系与其说是一门科学，还不如说是一门艺术。婚姻是生活的核心，但在大多数情况下，工作也是家庭经济的必要来源。那么，当两者相互争抢同一时段时，哪个应该放在首位呢？工作时间往往缺乏弹性，但假如工作一次次地占据首要地位，无论这份薪水或晋升机会有多么必要，都势必会给家庭生活带来压力。

你的伴侣是否把工作放在首位?

当我们询问人们是否认为他们的伴侣把工作看得比感情更重要时，29%的女性和28%的男性的回答是肯定的。这些人表示他们觉得自己像无足轻重的物品，还不如伴侣的工作重要。伴侣花在工作上的时间并不一定是他们产生这一感觉的原因。大多数长时间工作的人之所以这样做，是因为工作需要，而他们的另一半也理解这一点。但是，在一天结束之前，只要一点点安慰和关爱就可以弥补——当然，除非额外的工作不是真的必需，或伴侣确实更看重工作而非婚姻。

你和伴侣都喜欢你的工作吗?

当我们问及人们是否喜欢自己的工作时,61% 的男性和 60% 的女性表示,他们觉得自己的工作是有收获感的。我们还询问伴侣是否喜欢他们的工作,75% 的男性和 67% 的女性表示喜欢。我们也发现,那些在工作中感到快乐的人更有可能拥有幸福的婚姻。

但那些在自己的工作岗位上不那么快乐的人,结果又当如何?

在结婚 5 年及以下的受访者中,有 22% 的人表示工作上的不快会使得两人的关系变得紧张。而结婚 10 年后,这一数字以惊人的速度迅速翻倍。超过一半(52%)的长期伴侣告诉我们,工作上的问题也会导致家庭问题的产生。

在结婚 10 年这一节点,夫妻关系变得更为紧张,这可能与不断累积的经济压力以及从事一份没有回报的工作所带来的倦怠感有关。79% 对工作不满意的人表示,他们只能找到这样的工作,为了养家糊口也只能接受它。

伴侣的职业道路是否随着婚姻的进程而改变？

近三分之二（62%）的男女都在婚姻历程中做出重大的职业调整。其中包括接受一份全新的工作，在公司里接受一个不同的职位或是开创自己的事业。在这些职业转变中，68% 的人表示这些转变要么对婚姻毫无影响，要么对婚姻产生了积极的影响。对大多数人而言，换工作似乎是一件好事。

伴侣支持你的个人成长吗？

我们惊讶地发现，调查中有 89% 的男女认为伴侣支持他们的个人成长。爱情和婚姻关系的含义似乎在全世界都发生了变化！传统的婚姻关系模式认为夫妻双方的结合主要是为了组成家庭和养育孩子，但目前的实际情况是不同国家的人均愿意支持伴侣在情感、精神和心理上的成长。这就意味着在世界上的许多地方，人们已经接受了一种全新的夫妻关系概

你是否支持伴侣的个人成长？
男女调查常态值：
西班牙：90%
美　国：89%
加拿大：89%
菲律宾：89%
中　国：88%
匈牙利：88%
拉丁美洲国家：86%
英　国：85%
斯堪的纳维亚半岛：85%
意大利：84%
法　国：84%

念——一种尊重亲密关系和深层联结的夫妻相处之道。

拥有伴侣的支持对于个体的内在革新具有至关重要的意义。例如，如果你的工作让你无法忍受，你需要能与伴侣谈论其他的选择和梦想。这种相互支持促进了更深层次的交流，并将使你们更紧密地靠近彼此。

你和伴侣如何分担日常家务?

并不是所有良性关系迹象都涉及生活中的重大选择。相互扶持也可以通过夫妻双方在日常生活中的互帮互助来衡量。也许一起做饭和洗碗并不动人，但这样的分担行为可以使你的快乐水平与压力水平有很大的不同。特别是当夫妻双方都要外出工作时尤为如此。

谁通常承担了大部分家务?

我们发现，42% 的男女会与伴侣平均分担家务。但也有 14% 的男性和 44% 的女性声称自己承担了大部分家务。因此，女性仍然承担着家庭中大部分的家务。

我们可以通过揭示分担家务与婚姻幸福度的相关性来说明这一问题的重要性。在极度幸福的夫妻中，近一半的人（48%）平均分

"如果你要去实现你一生的梦想，那这些留给谁来处理？"

担家务，而在不那么幸福的夫妻中，这一比例仅为三分之一（33%）左右。

谁做饭做得最多？

准备食物曾经是"女性的职责"，而现在女性依然承担着家庭中 50% 的做饭任务。但是如果我们将男人掌勺以及男人分担伴侣一部分的做饭任务的比例加在一起，可以看到厨房里的景象发生了巨大的变化。现在，超过四分之一（27%）的男性负责家庭中大部分

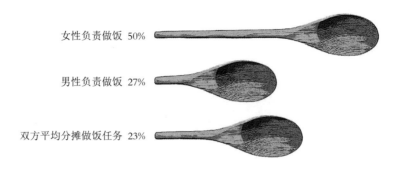

女性负责做饭 50%

男性负责做饭 27%

双方平均分摊做饭任务 23%

夫妻做饭分工比例

的烹饪任务，也有近四分之一的夫妻会平均分担做饭任务。

在现代婚姻中，家庭生活的场景正在发生显著的变化。但对于我们的许多受访者而言，这一变化速度还不够快。以下是他们对于日常生活中不公平现象的持续抱怨：

总的来说，我觉得我要负责记住所有的事是很不公平的——我真心觉得要是我不在的话，我的孩子们可能就要饿肚子或变成傻瓜。

——女性，41 岁，结婚 19 年，有孩子

她平时比较懒散，但她时不时（大约每两周）就会觉得是时候该让每个人都打扫一下了——尽管大部分杂乱的

物品可能都是她的。

——男性，32 岁，结婚 12 年，有孩子

最终我被迫成为家庭所有事情的组织者——从我们晚餐吃什么到谁来接孩子。有时候我很厌倦总是由我来扮演大人的角色。

——女性，32 岁，结婚 10 年，有孩子

我外出工作，她留守家庭。在我回家后，通常照看孩子就成了我的责任。我一刻都不得停歇。

——男性，36 岁，结婚 6 年，有孩子

我们和父母一起生活在一个传统的印度大家庭里。这就意味着即便我外出工作为家庭挣一份薪水，但作为女性也必须承担所有的家务。我觉得非常不公平。

——女性，28 岁，结婚 4 年，没有孩子

即使我在外面有份全职工作，而丈夫待在家里经营他的网络生意，他也并不认为家务是他需要承担的事。

——女性，36 岁，结婚 12 年，有孩子

我外出工作，她还在上学，但她承担了许多煮饭和打
扫的工作。我也可以帮忙，但她喜欢做饭，而我也不太在
乎房子是不是同她希望的样子一样干净。

——男性，27岁，同居两年，没有孩子

我认为不应该由我来负担所有洗衣服的责任。

——女性，40岁，离异，同居1年，有孩子

家务不催则不做。我觉得自己唠唠叨叨，而他比我更
凌乱。

——女性，33岁，结婚7年，没有孩子

婚姻新常态建议

昆汀（Quentin）和梅根（Meagan）都是典型的具有极强驱动力
的职业人士。他们总是将彼此置于工作之后，他们的婚姻因此而受
到影响。两人都承受着巨大的压力。昆汀所在的律师事务所已明确
表示，他的"工作效率"还不够高；而梅根一边做着全职销售代表
的工作，一边还在网络上努力修习高等学位。等他们下班回到家后，
总有干不完的家务，因此两人经常为了谁该做什么而发生争执。

两人都觉得没有得到对方足够的感激与支持。昆汀认为梅根只

埋头于处理自己的烦心事，对他的烦恼不闻不问；而梅根会在昆汀回家后的前半个小时里躲开他，因为他总是闷闷不乐，怒气冲冲。一天下午他们大吵了一架，互相指责对方弄坏了刹车而造成危险的隐患。后来几天，他们谁也不理谁。

昆汀和梅根需要改变他们的生活常态，而且必须尽快改变。于是梅根向邻居汉娜（Hannah）和肯尼（Kenny）请教，想知道他们是如何应对工作和家务的。肯尼说，努力工作的一大好处就是多一些可供支配的钱，于是他和汉娜雇用了一名清洁人员。只要每周花 70 美元，房子就能彻底打扫干净，相当划算！然后，肯尼和汉娜根据各自的喜好分摊其他家务。肯尼不介意去杂货店，但讨厌做饭，所以汉娜负责大部分的烹饪，肯尼则负责购物。他们根据谁有更多的时间来分担剩下的家务，如果一个人做得太多，那么挣更多钱的人就支付帮工的费用，而不是把额外的工作都压在伴侣身上。肯尼和汉娜都很乐意尽自己所能地为摆脱家庭杂务而付费，所以在经济状况不错的时候，他们请了一名清洁工和一名园丁，每周到家服务一次。

梅根很喜欢肯尼和汉娜提出的解决方案。她和昆汀无法负担一周一次的帮佣费用，但经过几次核算，她得出结论——他们可以请人每月来家里帮忙两次。接着她和昆汀坐下来讨论谁更喜欢做什么家务，然后他们相应地做出分配。通过明确每项任务都由谁来承担，他们避免了某项任务无人承担的问题。他们的新常态让他们在家庭管理方面有了更为明确的分工，也给了他们更多的相互支持，这让他俩也都变得更快乐。

工作和家务带来的大部分焦虑可以通过协商来解决。我们大多数人都无法控制自己的工作任务、工作时长或所得的报酬，但在家庭领域，我们往往拥有更多的灵活性和沟通空间。重要的是要让你的伴侣知道是什么在困扰着你（比如从办公室下班回家后要做晚饭，或者回家看到屋子里杂乱无章），并提出改变的建议。

以下这些工具，可以帮助你归纳出一些简单却极其必要的纠正方式，并从根本上改善你的日常婚姻质量。

工具 23 ▶ 我们做个交易吧

如果你想让你的伴侣做点什么，但又不想听起来像是在抱怨或指责，那就主动提出做个交易吧。比如你厌倦了承担所有做饭和清洁的工作。与其小题大做，不如考虑一下可以做些什么来和伴侣进行交换。然后等待一个轻松的时机，告诉伴侣你想和他做一笔交易。例如，你可以说："亲爱的，如果你愿意帮忙做饭或打扫卫生，就由我来负责去超市买东西（即使你已经买了）并在晚餐后帮你擦背。"要提出令人激动的、有趣的或让人愉快的提议，好让对方无法拒绝。这样你不仅达到了自己的目的，而且还避免了争吵。

工具 24 ▶ 每周团队会议

每周把家里人聚在一起,盘点一下哪些事不起作用,哪些事已达到效果。表扬上周的进步,并确定本周的目标。组成团队来共同解决某个大问题(也许是肮脏的浴室或是没人能踏得进去的车库)。规定周二和周四晚上是"自己做饭"时间(即使晚餐只是一个蛋卷或加热一下昨晚的剩菜剩饭)。使用头脑风暴为不同的问题领域提供创新的解决方案,诸如在周日一起煮一大锅汤或是多煮一份可以冷冻的炖菜,这样接下来的一周就会有好几顿现成的晚餐。关键是要让每个人都参与到这个过程中来。

工具 25 ▶ 工作上的愉快谈话

我们往往都会抱怨那些让我们心烦意乱的事。但一味地接收坏消息通常会引起反感——尤其是当你走进家门,伴侣听到的第一件事就是坏消息时!因此,务必注意每天至少带一个关于工作的积极故事回家,不一定是什么大事:可以是办公室里耐人寻味的八卦或是有趣、好笑的客户等,或者说说孩子学校里发生的好玩的事。和伴侣一同分享好的或糟糕的事情,对方就会觉得与你"其他的"生活部分紧密联系。

工具 26 ▶ 请一天病假

可以提醒你的伴侣什么才是最重要的一种方法，就是一起放一天假。如果你有权拥有私人假期，那就好好利用！还可以考虑为了两性关系的健康请一天病假。我们并不是建议你经常这样做，就算还有其他事情需要耗费你的时间和精力，但即便只有一次，也会让对方知道你究竟有多珍惜两人在一起的时光。

工具 27 ▶ 在工作中做一个变革推动者

有时，老板会忘了员工也有家庭，也有婚姻，也需要一些弹性时间。但如果你向某位认同员工幸福极为重要的高层提出要求或请愿时，你会发现是有协商空间的。例如，假如你主动提出晚上加班，那么你或许就能获得一些白天的自由时间。假如你能每周安排一天在家工作，那么你就可以更高效地处理好某些工作，并能够和你的伴侣共进午餐。这种变化对老板而言微不足道，但对于婚姻却意义非凡。

第 九 章

婚姻幸福的必要条件是什么？

"当你拥有了我，还会需要一大笔钱吗？"

　　还记得小时候你经常被问到的问题吗？——"假如可以实现你的一个愿望，你希望是什么？"你往往还没来得及回答，提问的人就会马上补充说："你不可以说想要拥有世界上所有的钱！"想要变得富有的愿望太过于平淡无奇，因为每个人似乎都想得到更多的钱。

我们的调查针对这一问题设置了多种提问形式，供受访者选择：

假如现在你可以获得以下选项中的任何一项，你会选择 _____

    1. 完美体型

    2. 姣好面容

    3. 无数金钱

    4. 强壮体魄

    5. 身体健康

    6. 绝顶聪明

🌐 全球观测点
相对于拥有金钱，加拿大人表示他们更想拥有健康。

我们的调查结果表明，在所有受访者中，45% 的人希望拥有无数金钱。婚姻幸福人群与处于绝对痛苦、婚姻不幸人群的调查结果并无二致。即便是"身体健康"也只能屈居第二，仅有 32% 的男女将健康摆在首位。无论生活中发生了什么，人们似乎更愿意为了财富而放弃其他任何事。但将金钱推到如此重要的地位是否是明智之举呢？

金钱与幸福的关系

金钱可以买来幸福吗？

我们发现，金钱无法促成更好的婚姻关系。我们要求受访者在 1~9 的范围内进行自我测评，1= 婚姻极其不幸福；9= 婚姻极其幸福。约有 72% 受访者的幸福指数处于较高水平，而这几乎与经济收入无关。如果的确有区别的话，那就是调查中最富足的夫妻婚姻幸福的概率明显较低。

金钱或许不是通往幸福婚姻的黄金奖券（源自儿童读物《查理和他的巧克力工厂》，此处指让持有人有机会获得一个重要的机会或奖项的事物），但的确有其积极或消极影响。假如一方希望另一方能有更高收入——尤其是不满意的一方开始积极寻找更好的出路时，那么坚持认为金钱能带来幸福的想法就会伤害夫妻感情。在此类情况下，婚姻关系也许本就岌岌可危，金钱极少是双方面临的唯一问题。但认为金钱是通往幸福的捷径的想法会使婚姻关系变得更为脆弱。

我想和有钱的人在一起！

当我们问道："你希望和比现有伴侣更有钱的人发展一段稳定

关系吗？"35% 的女性和 23% 的男性表示愿意。这一数据说明有相当一部分人感到现有伴侣无法满足他们的经济野心或需求。

但值得思考的是，既然我们的调查结果表明金钱对幸福没有影响，那么为什么这些人却希望找到更富有的伴侣呢？其中一个原因可能是人的感知超越了现实。在我们所处的社会里，金钱可以买到幸福的观念根深蒂固，以至于对很多人而言，仅靠摆明事实是难以撼动这一错误观念的地位的。

另一个原因在于，这些夫妻中的确有一部分人手头拮据，没有足够的钱支付账单、医疗费用，或满足其他基本需求，这可能会耗尽日常生活的乐趣并制造婚姻摩擦。在这种情况下，一个有能力解决家庭债务危机的替代者似乎会极具魅力，金钱成为婚姻关系三大压力来源之一也就不足为奇了。

经济隐患

50% 的男女有金钱方面的担忧。随着收入的减少，此类担忧往往会加剧婚姻关系的压力。62% 收入在 20 001~37 750 美元的夫妻表示，金钱方面的担忧已对婚姻造成影响。在为金钱忧虑的男女中，68% 的人也对其性生活不满意。相比之下，在高收入人群中，仅28% 的人因为经济状态对婚姻的影响而感到困扰。

但经济稳定并不是夫妻们唯一的关注点。夫妻之间如何就金钱

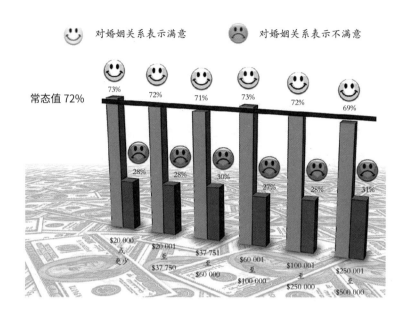

注：由于四舍五入，每个收入区间的百分比总和不一定为100%。

金钱与婚姻满意度之间的关系

问题进行沟通也至关重要。我们的调查数据表明，无论富裕与否，夫妻双方都必须坦诚彼此的日常花费、投资和储蓄等问题。在金钱问题上，夫妻之间的交流、合作与信任越稳固，越能更好地调节经济上的不安全感。这或许能够解释为何65%婚姻幸福的夫妻表示，他们并不担心自己的经济状况。

建立婚姻财务管理系统

许多人对金钱这一话题讳莫如深。大多数人认为债务、收入、储蓄和财务管理决策是保密的，只能与伴侣或少数其他人分享。但你可能会惊讶地发现，在我们的调查数据中，有四分之一的人甚至不曾告诉过伴侣他们的收入！在身处稳定恋爱关系但尚未论及婚嫁的伴侣中这一比例更高，这一群体中有40%的人从不谈论自己的财务细节。这是一个巨大的关系陷阱。

财务状况沟通

是否隐瞒资产？
25%的男女不与配偶谈论自身收入。

我们发现，对待金钱的开放态度和婚姻满意度之间具有显著的关联性。80%的幸福夫妻了解自己的另一半赚了多少钱。再来看看消极的一面，以下评论反映出在金钱问题上未采取开放态度和合作态度的危害：

> 我最近一直在找工作，然后看了一眼去年一直由妻子处理的家庭财务账号。当我得知她花了那么多钱后，我差点心脏病发作。她让我失望至极，我甚至不知道接下来该

往哪个方向开始努力。

——男性，42 岁，结婚 8 年，有孩子

刚恋爱时我就知道我们会平摊账单，但是我从来没有想过会演变到分摊一加仑（约为 3.79 升）牛奶的地步。如果他去商店买东西，比如买瓶牛奶，他会把收据放在厨房台面上，再给我留张纸条，上面写着我欠他 1.75 美元。

——女性，52 岁，结婚两年

我愿意和交往三年的女友结婚，但我拒绝承担她的债务。

——男性，27 岁

我让人把信用卡账单送到自己的办公室。

——女性，39 岁，结婚 10 年

我们曾试图讨论家庭预算与开支问题，但却总是不欢而散。我的妻子觉得，我们所拥有的一切都必须是全新的。

——男性，33 岁，结婚 4 年

低收入者会有更多争执吗?

你或许会认为,和家境殷实的夫妻相比,经济上入不敷出的夫妻会产生更多激烈的争执。但我们的调查结果表明,事实并非如此。大约有 45% 的夫妻会为钱而争吵,但那些年收入在 2 万美元及以下的夫妻实际上比年收入 25 万 ~ 50 万美元的夫妻更少因为金钱吵架! 一个难以忽略的真相是,人们的开支往往稍高于收入,因此收入在 25 万美元及以上的夫妻仍有很多引发争执的地

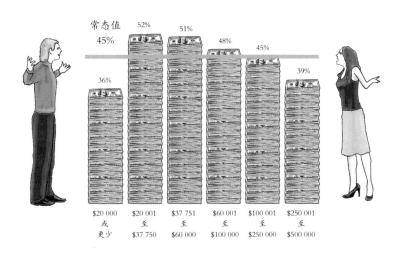

由金钱引发的争吵

方。我们的调查结果印证了这一点。

哪些夫妻最经常争吵？答案是中产阶级！原因是什么？ 或许是因为中产阶级陷入了一种特别令人沮丧的境地，尽管他们挣得比仍在苦苦挣扎的工薪阶层多，但却无法保障自己能够享受他们认为本该享受的舒适生活。在过去的美国，中产阶级是财务安全的代名词，但在目前的经济形势下，随着住房、燃油和其他以往能够负担得起的必需品的价格不断攀升，安全感对于许多曾经从事中产阶级工作的人而言已是遥不可及。预期未得以满足所带来的挫败感，可能比一开始就不抱任何希望的资金短缺更能招致婚姻摩擦。假如夫妻的理财能力较差，就会进一步造成婚姻关系的紧张局面。

独立账户变得越来越重要

出乎意料的是，60% 没有孩子的伴侣拥有各自的银行账户，而已生育的伴侣（40%）中也有不少人至少将一部分钱分开支配。事实上，在共同走过 20 年以上婚姻历程的人当中，36% 的人也持有独立账户。这就意味着一项巨大的变化在美国家庭中悄然发生。

在过去，夫妻结婚时合并银行账户是理所当然的事。把钱分开存放被视为对稳定婚姻的威胁或冲击。但如今，夫妻双方可能都在婚前积累了相当可观的储蓄，许多人甚至在婚后仍将私人财务分开管理。高离婚率，尤其是媒体对名人婚变的报道，凸显出夫妻在离异时进行财产和金钱分割的困扰。出于这一想法，即便是新婚夫妻也会选择经济独立和经济安全。

时间确实能消解不信任感，而省却麻烦的想法也更有可能让双方将资金合二为一。但我们的调查数据表明，超过三分之一的长期伴侣仍然保留着各自的账户。至少在美国，这似乎已日渐成为新的婚姻常态。

账户的使用与管控

赚得多不一定花得也多
在77%的受访夫妻中，收入更高的一方并未对金钱开支享有更高的控制权。

然而，将资金融合在一起的想法并未消亡。合并资产仍然是宣告和创建"夫妻关系"的主要方式之一。因此，尽管夫妻间的账户可能是分开的，但62%的已婚夫妻表示，他们可以平等地使用和管控彼此的银行资金与投资款项这一模式非常具有代表性。此外，ATM卡、在线账户以及银行和金融领域的其他变化，模糊了单独理财与联合理财的差别。出乎我们意料的是，不少未婚夫妻（66%）也对所有银行账户和投资享有平等的访问权和管控权。这是一种浪漫且有效的关系模式，但鉴于同居伴侣分手率约为50%，此类做法并不完全明智。

决策权

家庭开支决策是否通常由养家糊口的人来做？事实并非如此。调查发现，77% 的已婚夫妻会共同决定家庭开支形式。对于收入较低的一方来说，这无疑是件好事。这意味着大多数夫妻都在努力建立平权关系。

但另有 16% 的人表示，抚养孩子的一方在家庭开支方面并未享受同等的发言权。和前几代人一样，仍有许多女性（或男性）为了照顾孩子而牺牲经济平等权。在美国以外的许多国家，渴望建立平等关系甚至被视为违背常理。

婚前协议

曾几何时，婚前协议还只是适用于商业大亨和影视明星们。人们曾经认为婚前协议是对被排除于原始财富之外的一方的人格侮辱。在许多人眼中，还没交换誓言就分割财产违背了婚姻的精神，甚至可能在步入婚姻殿堂前就已注定关系的破裂。人们的理由是，除非你在婚前就计划好了退路，否则为何要分开储蓄呢？现如今，这一推理逻辑显然已经发生变化。

"签订婚前协议？你是认真的吗？现在的你一穷二白。"

53% 的已婚夫妻表示，如果伴侣在结婚前要求签署婚前协议，他们不会有任何异议。尽管美国实际上仅有 3.6% 的已婚夫妻签订了婚前协议，但这类协议似乎不再像过去那样带有负面烙印。

临终遗嘱

对绝大多数夫妻来说，讨论和规划如何应对伴侣离世的不测事件是相当困难的，因此很难真正实施。我们的研究提供了一组惊人的数据，调查中有 61% 的夫妻从未设立临终遗嘱。

更糟糕的是，47% 已生育
的夫妻没有设立遗嘱。如果父
母双方都出现意外，这些孩子

> **最糟糕的情形**
> 47% 已生育的夫妻竟然没有设立遗嘱！

的大部分遗产将会受到损害。很多电影都围绕某人留下的惊天遗嘱
展开，因此我们想知道已设立遗嘱的夫妻是否已将遗嘱中的所有内
容都告知对方。答案呈现一边倒趋势。只有 1.5% 的人表示，遗嘱中
的某些内容是伴侣不知道的。大多数人花精力拟定遗嘱时显然不存
在任何保密动机。

分摊账单

过去，都是由男性承担家庭开支。但如今在美国，这一社会准
则至少已在进入稳定关系的伴侣中发生转变。约会期间，男性仍然
会承担外出的大部分费用，但超过半数的已婚夫妻选择共同分摊所
有开支，还有 23% 的已婚夫妻选择分摊部分费用。只有 25% 的已
婚夫妻由其中一方负担所有费用。而在这类夫妻中，8% 的夫妻由女
方承担所有费用。

分摊开支的做法是否在幸福夫妻中更为普遍？并不尽然。在分
摊开支的受访者中，有半数的人对自己的婚姻感到非常满意，而另
一半人则对婚姻表示不满。因此，分摊开支不会影响婚姻的幸福度。

卓有成效的婚姻新常态又是什么模样？我们的调查结果表明，

其应该是夫妻双方共同承担家庭开支并共同商讨财务决策。事实上，由丈夫作为家庭财政全权管理者和决策者的想法在很久以前就已根深蒂固，而今这一说法已经站不住脚了。

我们的调查数据清晰地表明女性对家庭收入的贡献越来越大，而且即便目前女性并未外出工作，在家庭财务决策过程中也发挥着越来越大的作用。基于当前经济形势——现实生活往往需要双方共同努力才能实现家庭收支平衡，同时也基于大众对家务和照看孩子价值观念的转变，人们对这一问题的态度也发生了巨大的变化。仅仅因为一方在家管理家庭和孩子，就表示她（他）在家庭财务决策中拥有较少发言权的推论已不再具备既定的正确性。我们开始看到越来越多的男性在家带孩子，而他们的妻子则成为家庭经济的主要支柱。

婚姻新常态建议

吉妮（Ginny）和马里奥（Mario）在如何处理财务问题上争执不休。在上一辈人的生活中，马里奥的父亲从不谈论钱的话题，也不想被问及任何与钱相关的问题，他给妻子一笔固定的生活费用以支付家庭所有开支。马里奥的父亲并不富裕，生活费也很难维持所有开销。这对夫妻经常为了钱而吵得不可开交。马里奥曾经对吉妮吐露，小时候一到发薪日他就会躲起来，因为父母总是朝着对方大喊大叫。然而，在他们的第二个孩子出生后，马里奥还是沿用了父亲的模式。

由于吉妮的工资只够支付照顾孩子的费用，双方决定让吉妮留在家中。此后不久，他们的金钱纠纷就开始了。吉妮本不想与丈夫大声嘶吼，但她觉得马里奥正逐渐开始单方面地做出财务决定，也对马里奥冷嘲热讽地说她如何花掉"他的"钱而感到不满。她感到彼此的尊重值不断下滑，她希望自己能够在婚姻中恢复独立个体的身份。值得庆幸的是，马里奥也不想表现得像个暴君，他同意双方应该坐下来，聊一聊困扰妻子的事，并努力扭转事态的发展方向。

他们共同拟定了一项完整的财务预算，双方都有一笔固定的资金可供支配。如果分配的资金不够，他们则在每周五晚上的"商务洽谈"中进行讨论，回顾这一周的资金使用情况，讨论如何能使家庭经济状况得以改善。这一做法很快成为他们一周生活以及婚姻关系中令人愉悦的一个部分。

随后，夫妻二人决定加入投资俱乐部。吉妮用他们省下的少量资金投资股市，成了家庭理财专家。事实证明，她在理财方面颇具天赋，逐步获取了至少与专业人士相当的收益回报。马里奥对妻子的表现以及家庭的额外收入感到满意，两人都为自己能够避开童年时期父母争吵带来的创伤而感到自豪。

工具 28 ▶ 金钱话题

逃避谈及金钱并不会让家庭经济问题自行消失，反而只会催生更多压力。因此，请多谈谈你对目前家庭财务状况的看法，以及 5 年、10 年、20 年后的财务目标。要做到这一点，有一种简单的做法就是朝着一个具体而有意义的目标努力。计划一项两个人的或全家人的度假项目。双方共同制定度假预算，一起为出行存钱，同时关注家庭支出和债务偿还问题。当你们对共同设定的目标满怀期待时，你们会对围绕家庭财务问题展开的沟通感到惊喜。

工具 29 ▶ 私房钱

能有一笔不需要商讨、可供自己支配的私房钱是可取的，因此请估算一下双方各有多少钱可供扣除。即便你财力有限，也应不时地存点钱。久而久之，这笔资金将会增值，而有时仅仅这一有限的私人财产就可以让你在家庭财务交流中占据一席之地。夫妻双方均需要享有偶尔做出单边开支决策的自由。

工具 30 ▶ 保持理智

人们为什么不开诚布公地探讨家庭财务问题呢？通常是出于对

伴侣反应的担忧。因此，提高财务沟通效率的一种可行方法就是与伴侣达成协议：如果对方能承诺保持理智，你将更坦然地谈论开支明细、信用卡账单、购物等话题。如果双方都能心平气和地进行讨论，那么财务沟通将不再那么令人恐慌，掌控家庭财务情况并建立婚姻新常态也将变得更为简单。

第 十 章

亲情、友情、爱情三者如何平衡?

"我们刚结婚的时候,戴夫（Dave）就对我说,他的朋友是婚姻套餐的一部分。"

"哇,那你一定是很爱他（才仍旧选择嫁给他）!"

如何处理与伴侣朋友的关系?

朋友一直都在我们身边默默地支持着我们。他们知道你糟糕的约会经历,了解你曾被抛弃被伤害的过往;当你需要的时候,他们也曾一次次地将你拉回现实。你与他们拥有许多美好的回忆,你很清楚他们尽管并不完美,但却是你个人经历的一部分。当你第一次告诉他们"这就是我要找的人"时,他们可能会为你激动,也可能提出劝告,又或者直接表示担忧。无论他们作何反应,你都坚持着一路走到现在。你可能拥有朋友的支持,他们能够提升你的婚姻质量,又或许情况并非如此。无论你面对的是哪种情形,你都希望在生活中与朋友保持联系;但要在朋友与爱人之间寻求平衡并维系这一平衡并非易事。请记住,你的伴侣也面临着同样的挑战!

对方的朋友会干涉你们的婚姻关系吗?

要与他人竞争才能获得伴侣的关注是很糟糕的情形。好在这一问题并不普遍。只有 16% 的女性和 11% 的男性表示,伴侣的朋友时常扰乱他们的关系。大多数人认为朋友在个人生活和婚姻关系中具有积极影响。假如朋友真的成为负累,那么他们的干预可能会对婚姻关系产生巨大的负面影响。23% 婚姻不幸的人抱怨对方的朋友爱捣乱、爱管闲事。譬如:

他的朋友一直都不喜欢我。他们喜欢他的第一任妻子，从不给我任何机会。因此，每当我们的关系出现问题时，他们就会异口同声地说"我早就告诉你了"或是"真烦人"。他把朋友说过的话都说给我听，这也是我们关系出现问题的部分原因。现在的我不信任这些人，也不希望他们在我身边出现，而这又制造出更多的问题。

——女性，48岁，结婚2年，没有孩子

她的朋友很势利。他们明确表示我的朋友都不如他们。去年的感恩节简直就是一场灾难。他们竟然在我的朋友祝酒时不停地嘲笑。我再也不想和他们同时出现在任何社交场合。

——男性，42岁，结婚4年，没有孩子

我讨厌和她的朋友在一起，谈话内容都是行话。如果你是房地产业界人士，可能觉得这没什么，但如果你不是，交谈起来真的很累。我很清楚他们并不在意我是否感到无聊。我会找借口缺席或早点离开。这不是我喜欢的相处方式。

——男性，34岁，结婚5年，有孩子

他最好的朋友单身，和我们共同生活了一段时间。不久之后，丈夫决定和我离婚。

——女性，37岁，结婚12年，有孩子

丈夫的前妻是我们的理财师，他们一向关系良好。这一点让我很难接受。

——女性，58岁，结婚9年，有孩子

你能与伴侣的家人做朋友吗？

> **欢乐姻亲**
> 全球范围内，有75%~85%的人表示喜欢伴侣的家人。

假如你不喜欢伴侣的家人，你可能将感到无比孤独。绝大多数人——80%的女性和83%的男性表示他们喜欢伴侣的家人。但这一结果可能与接触的频率有关。超过一半（55%）的人几乎从未见过他们的姻亲。另有25%的人大约每月只见一次；只有20%的人与伴侣的家人经常碰面。在这种情况下，距离确实能够产生美。

"别傻了，他是爱你的。"

伴侣的前任是否仍牵绊你们的关系？

与过去的恋人或配偶保持朋友关系是否正常？至少在我们的调查中，这是不正常的。仅有26%的美国女性和21%的美国男性表示，伴侣仍与前任保持朋友关系，而全球范围的调查结果也极为相似。

但旧情人的出现并不一定对婚姻关系造成困扰。当我们问及这些受访者是否由于伴侣

全球观测点

在中国，仅19%的人表示自己的前任仍对目前的生活有所影响。

与前任的友谊而感到困扰时，68% 的男性和 50% 的女性表示自己可以接受。第一种情况是他们感觉不到来自前任的威胁。第二种情况则是伴侣与前任有孩子，在此种状况下，大人们保持亲近对大家都有好处。第三种情况则是两者兼而有之。婚姻中拥有高满足感与信赖感，以及对其前任很熟悉，结果将会完全不同。

相较于朋友的婚姻关系，你们的婚姻关系如何？这一点是否重要？

把自己的婚姻关系与朋友的婚姻关系进行比较乃是人之常情。我们发现，有 46% 的人认为自己的婚姻比朋友的幸福；37% 的人认为差不多；17% 的人认为自己的婚姻不如朋友的幸福。但关系维系时间的长短会造成观念上的显著差异。共同生活一年及一年以内的夫妻——他们仍然处于蜜月阶段——其中仅有 6% 的人认为朋友的婚姻更幸福。结婚 10 年的夫妻中，有 21% 的人认为朋友比自己幸福。这表明，相对于朋友的婚姻状况，人们的回答可能更多地映射出自身的婚姻状况。假如你认为朋友的婚姻比你的更幸福，请将其视为你应更加关注自己婚姻关系的一大信号。

你是否有意误导过朋友，让他们相信你的婚姻状况比实际的状况更好？

夫妻假装恩爱正常吗？这很正常。超过一半（53%）的婚姻不幸或稍感不愉快的人在与朋友交谈或相处时会假装幸福。39% 在感情上处于极度痛苦状态的人仍会隐瞒自己的不幸。

隐瞒的理由，有的出于耻辱，有的仍心怀希望，认为只要自己不给婚姻贴上"深陷泥潭"的标签，事态可能就会有所好转。遗憾的是，当事态进一步恶化后，朋友往往会因为欺骗中所包含的信任与信心缺失而觉得受到误导并深感受伤。

认为大多数夫妻都无比幸福的幻想，也仅仅停留于幻想。那些伪装出理想状态的婚姻不

> **虚假的伪装**
> 逾半数男女伪装出比实际更恩爱是很正常的。

幸者，最终一无所获。剩下的人最好记住，大多数婚姻的幕后远比台前示人的一面更为复杂！

孩子在婚姻中扮演怎样的角色?

为人父母

要不要生孩子？在某个时间点，通常是在结婚初期，大多数夫妻就开始谈及组建家庭的问题。他们该不该生孩子？如果应该，又该什么时候生，生几个孩子呢？如果双方足够明智，他们还将讨论如何把爱情生活、夫妻身份与为人父母所需要承担的责任、财务上的代价融为一体。无论他们多么努力地预测孩子所带来的变化，鲜有夫妻能对家庭生活所要做的妥协有充分的思想准备。

"亲爱的，我相信我们很快就能继续坐在一起，享受二人世界了。"

有了孩子之后，你认为和伴侣的关系是更亲密了还是更疏远了？

大约有同等数量的男性（43%）和女性（41%）认为孩子使得他们与伴侣的关系更为亲近。只有16%（15%的女性和18%的男性）的受访者觉得孩子拉远了双方的距离。43%（44%的女性和39%的男性）的人表示，为人父母既没有拉近，也没有拉大双方的距离。曾有研究文献记载，有些父母会在孩子的婴儿期和青春期出现心理疲劳与亲密缺失。这一影响在孩子出现特殊心理需求、生理需求以及行为需求时将更为明显。尽管如此，孩子极少会是父母不和或关系疏远的直接原因。

孩子是否是维系婚姻关系的唯一因素？

在被问及如果不是为了孩子，他们是否会放弃这段感情时，男性和女性给出了几乎相同的答案。我们的调查数据表明，对于65%的夫妻而言，孩子并不是婚姻关系的黏合剂。另有20%的人认为，孩子偶尔能起到维系作用；但也有12%的人声称，生儿育女促使他们长久在一起。只有3%的人表明孩子是婚姻关系续存的唯一原因，仅此而已。

当婚姻经历动荡之时，孩子将是维系关系的重要因素。对于孩子的投资使得近三分之一的受访者有足够的时间去应对生活中出现的任何麻烦或是对其达成妥协，而这些夫妻终将变得更加恩爱。

同样令人欣慰的是仅有 3% 的夫妻表示他们共同生活的唯一原因是为了孩子。在过去，有孩子的夫妻无论在一起有多痛苦，也不得不为了孩子而共同生活。现在，唯有幸福的家庭才能养育出幸福的孩子已成为普遍观念，我们的调查结果也反映了这一变化趋势。

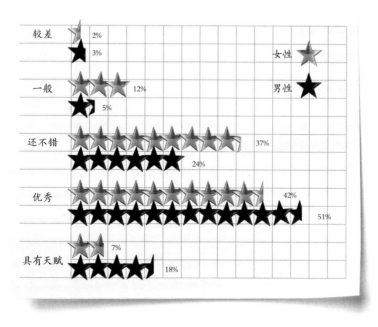

注：由于四舍五入，男性的百分比总和不一定为 100%。

你认为伴侣是称职的父母吗?

与伴侣独处时，你们会花多少时间讨论子女养育问题？

夫妻们似乎在讨论孩子与彼此的问题之间找到了极好的平衡。近四分之三（74%）的男女表示，夫妻在一起时，他们大约会花四分之一的时间谈论养育子女问题。对于浪漫关系而言，这似乎是个不错的比率！另有 24% 的人表示，讨论的时间占据夫妻独处时间的一半，这也仍然为夫妻之间亲密关系预留了充足的时间。仅有 2% 的人的谈话内容完全围绕着子女养育。可想而知，他们生活在一起必定毫无浪漫可言。

你认为伴侣是称职的父母吗？

难道你不想被称为"天赋异禀"的父母吗？ 18% 的男性和 7% 的女性认为自己的伴侣具有为人父母的天赋。另有 51% 的男性和 42% 的女性认为伴侣的子女教育至少可以达到"优秀"的水准。女性收获的赞誉高于男性，由于女性承担了更多的养育责任，这一结果令人信服，但男性也同样受到较高的褒奖。

事实上，大多数父母都得到了很高的评价，因此当 37% 的女性和 24% 的男性称他们的伴侣"还不错"时，这似乎含有贬低的意味。但当 12% 的女性和 5% 的男性给伴侣打出"一般"的评价时，我们却无法做出类似的解读，更别提余下的小部分人认为伴侣为人父母的技巧"较差"。

婚姻新常态建议

马特（Matt）和德西蕾（Desiree）共同生活了6年多，当时马特觉得德西蕾不是他的"真命天女"并决定分手。这让原本希望能与马特结婚的德西蕾极为崩溃，但他们仍保持着朋友关系。几个月后马特开始与雪莉（Shelly）认真交往，但他并不认为新的恋情会影响他与德西蕾的友谊。由于德西蕾那时正在学习按摩，有一天她在雪莉上班时顺便到马特家做了一次按摩练习。尽管马特向雪莉保证他不再对德西蕾有任何恋爱的感觉，但雪莉对他们的友谊以及这次按摩存有很大的疑虑。试问谁不会这么想呢？

这并非雪莉不信任马特。实际上她是一个比较有安全感的女生，也知道前女友不一定会对自己现在的恋情构成威胁。但雪莉告诉马特，下午的那次按摩是不恰当的，而且她对马特与德西蕾多次共进午餐感到别扭。经过几次相当激烈的讨论，双方达成共识，假如马特想继续保持与德西蕾的友谊，那么雪莉需要更好地了解她，同时需要一同应邀前往。马特认为这是合理的要求。

在此之后，德西蕾邀请马特共进午餐时，马特说他希望雪莉也能参加。德西蕾对这一想法表示欢迎，因此三人一同前往。雪莉和德西蕾很合得来，当德西蕾在几个月后有了自己的新恋情后，两对情侣便一同约会。

当你和某个人一同度过了生命中的一段时光，把那个人保留在生命中是美好的。我们的调查数据表明，很多人都是如此，但你必须把现任伴侣的感受放在首位。这就是当雪莉要求设定交往的边界时，马特为何明智地照办的原因。当涉及家庭成员和朋友时，设定边界对男女关系具有重要作用。边界不仅包括与他人的实际接触时间，也包括消耗在电话、电子邮件、短信或脸书上的时间。如果你对伴侣投入在前任恋人、朋友或家人身上的精力颇为不满，那么请坐下来设定双方都能接受的边界。

工具 31　▶　不要因为朋友而困扰

为什么不诚实地告诉伴侣他的哪些朋友是你喜欢的，哪些是你不愿意经常见到的呢？ 对方的老友或许弥足珍贵，但假如你不喜欢他们，那就鼓励对方单独与他们见面吧。如果很难做到这一点，那么讨论一下你最能接受和最难接受的情形。例如，邀请这些老友参加聚会或许可以接受，但无法接受和他们一同滑雪或露营。

工具 32　▶　勿忘老朋友，结交新朋友

夫妻们有时会忽略一同结交新朋友的重要性，进而错失强大的

社会关系来源。新朋友能给你们的关系带来新奇的体验，激发新的话题，扩大活动范围。试着培育不同类型的友谊，试着接触工作场合以外或是孩子的学校、球队中其他父母以外的人群，这样你就能与一大群不同兴趣爱好的人成为朋友。朋友可以帮助你找到作为成年人的更多乐趣，你也就不会仅仅把自己局限在为人父母的身份中。

第三部分
终 相 守

STAYING TOGETHER

第十一章

保持性爱的火花

"亲爱的，我给你打了分！"

一切都与爱有关。假如你快乐，爱就会流动，亲密感就会增强。当我心怀爱恋、无条件地爱着对方时，我已深陷爱河。我想通过任何方式让他高兴，而他也是一样的。

——女性，68岁，结婚25年

性满意度会随着时间的推移而改变吗？ 会有一点，但是没有你所想象的那么多。我们发现 82% 的夫妻在婚姻刚开始的第一年都具备深度的性联结。婚后 6~9 年，那些认为婚姻幸福的夫妻中仍有四

注：由于四舍五入，婚姻不幸福夫妻比例总和不为 100%。

婚后 6~9 年的夫妻性生活质量

分之三的人用"做爱"来描述他们的性生活，而不是用"高效""温暖"或"愉快"等字眼。婚后 25 年及以上，这一比率也仅缩小至 67%，而只有 2% 的幸福夫妻对他们的性生活感到不满意。这就表示，在结婚 6~9 年的受访者中，有四分之一的人希望他们的性生活能更加富有激情或拥有更多的情感联结——但只要他们选择求助，他们的状况将会有极大的改善。同样值得一提的是，那些在婚姻中最不快乐或性生活最不满足的人更有可能已经分手，或是较少出现在我们的婚姻调查样本中。

生活在不幸婚姻中的夫妻，对性生活感到满意的比例较低，这也不足为奇。但他们中间仍有 17% 的人拥有激情四射的性生活或心理联结。

让我们来看看索菲亚（Sophia）和迈克尔（Michael）的情况。他们是第一代的意大利移民，从意大利拉文纳举家迁至美国康涅狄格州的过程对于他们而言十分艰辛。两人一起经营的小餐馆由于经济不景气而遭受重创，他们原本指望从家人那里得到一笔额外贷款也没有兑现。尽管还年轻—— 一个 25 岁，一个 27 岁——他们却有一个 3 岁的孩子要养育，而索菲亚最近发现她遇到了两件始料不及的事情：首先，她又怀孕了；其次，迈克尔一直和她的表妹有外遇。

我们也许都会认为处于这种境况下的夫妻会有许多争斗，他们处于关系破裂的边缘，极少会有性关联，更不要说享受激情而有意义的性生活了。尽管争斗不断，生活中充斥着指责、泪水与威胁，在迈克尔与索菲亚的家中，性爱却从不是令人头疼的问题。正如索菲亚所说的，在卧室里，他们是"充满激情、彼此迷恋、永不满足——但仅限于卧室之内"。他们之间的性联结如此强大，以至于每天的生活都只能用狗血肥皂剧来形容。不管怎样，他们都希望能为婚姻找到出路。

性生活频率

假如你担心除了你以外的所有人都在不停地做爱，那现在你大可放心了。只有 7.5% 的人表示他们每天做爱。40% 的受访者表示，他们通常每周做爱 3~4 次；约四分之一（27%）的受访者每月只做爱几次；约 9% 的人每月做爱一次。另有 17.5% 的受访者告诉我们，他们很少做爱（13%）或从不做爱（4.5%）。但当我们将婚姻持续的时间与婚姻关系的质量列入影响性生活频率的因素之后，我们对这些统计数据重新进行了整合。

婚姻中随着时间变化的性生活频率

我们的调查显示，随着时间的推移，性生活频率通常有所下降，但对于那些婚姻极其幸福或对性生活极其满意的伴侣来说，差别却不那么明显。婚后第一年，67% 的幸福夫妻每周做爱 3~4 次。

在一起 21 年后，60% 对性生活极其满意的夫妻仍然每周做爱 3~4 次。这就表示，如果一对夫妻的相处模式鼓励并颂扬性联结，那么年龄和婚姻持续时间就不会成为障碍。婚姻的整体幸福感、高频率性生活与性满足似乎是不可分割的一个整体。

遗憾的是，当我们聚焦在那些对性生活不满意的夫妇时，我们发现他们当中有近 70% 的人极少或已经不再过性生活。这比大多数人所能意识到的更为普遍，因为夫妻们知道缺失性生活是大忌，也因自己身处无性婚姻而感到尴尬。于是许多人选择对这一问题三缄其口。因此，如果你的朋友说他们对性生活感到不满意，实际情况可能比你想象中的情况还要糟糕。

性生活频率的神奇数字

年复一年，性生活频率高的夫妻是否比性生活不频繁的夫妻更幸福？答案是肯定的，确实如此。一周 3~4 次是具有魔力的性生活频率！

你可能会想，在经过二三十年稳固的婚姻关系之后，性就没有那么重要了。很多人（主要是女性）相信，就算性生活频率不高，或是完全没有性生活，你也可以拥有一段美好的婚姻关系。但相当多的研究证实了我们的调查结果：如果你的性生活仅每月数次，甚至更少，你们的婚姻很可能已出现危机（除非你有无法进行性生活的合理解释：健康状况不佳、抑郁症、正在服用药物从而抑制了性欲，或是夫妻长期分隔两地）。最低限度的性生活，尤其是对 70 岁以下的人来说，通常意味着潜在的问题、情感距离、愤怒以及一方或双方存在严重的心理问题。

更多的性爱＝幸福夫妻
在婚姻中感到极其幸福的夫妻每周做爱三到四次。

性生活频率下降可能是其他问题或状况的表征，但如果一方或双方将其视为排斥、惩罚或失去兴趣的表达形式，其本身就可能成为心理痛苦的一大根源。并非每个人都具有相同的性需求，有些人从不觉得性生活是婚姻关系的维系纽带或有其快乐的一面，但双方都有这一类似的感觉则极为罕见。因此，即使一方不介意性生活的频率降低甚至消失，但另一方可能十分介意。我们承认极少做爱的夫妻也可以十分相爱，但这并不能说明他们极为幸福。性生活频率——尤其是当与父母同处一个屋檐下时——是婚姻关系质量好坏、能否续存的重要指标。

性生活频率对比：有孩子与没有孩子的区别

关于性和孩子的传言是正确的：抚养孩子的确会干扰性生活频率。这是两种相互竞争的需求。两者都需要情感投入，都需要高质量的陪伴。当人们想要孩子的时候，总是满怀激情，而对彼此的欲

没有孩子   有孩子

每天	每周 3~4 次	每月 数次	一个月 一次	极少	从不
9% 6%	41% 36%	26% 30%	9% 9%	12% 15%	4% 6%

注：由于四舍五入，性生活频率统计比例的总和不一定是精确值100%。

有孩子的夫妻与没孩子的夫妻性生活频率对比

望也是如此。性爱是双方深厚情感联结的强烈表达形式，而生孩子
也是如此。但孩子的需求往往是第一位的。日常工作和养家糊口所
带来的压力会使感情关系变得紧张，并开始凌驾于夫妻双方的需求
之上。接着，当一方或另一方太累或没有动力去做爱时，即使是恩
爱的夫妻也会产生距离感。这是大多数夫妻都想极力避免的婚姻新
常态的开始。

尽管如此，与41% 没有孩子的夫妻相比，36% 有孩子的夫妇每
周依然可以设法做到3~4 次的性生活。尽管性激情的频率和兴奋程

度都有所下降，但大多数为人父母的夫妻继续保持着活跃的性生活。

我们从其他研究中可以得知，第一个孩子出生后，性生活频率确实会下降，可能需要一年甚至更长时间才能恢复。而且有证据表明，只有当孩子成长到一定阶段，性生活频率才有可能恢复到原有的状态。但假如分娩后的无性时期持续时间过长，导致另一方感到受伤或生气，那么双方应该一同寻求婚姻咨询师的帮助，看看究竟是什么抑制了性联系。

性生活频率的满意度

大多数男人需要更多的性生活。事实上，觉得自己不能得到满足的男性（60%）比例是女性（30%）的两倍。此外，14% 的女性告诉我们，她们的伴侣对性生活的需求过多，而只有 4% 的男性对此表达了同样的不满。余下 36% 的男性和 56% 的女性认为他们的性爱频率正合适。

> **谁的性生活最为频繁**
> 意大利有 62% 的夫妻每周做爱三到四次。

如果我们审视一下国际层面的数据就会发现，某些国家的夫妻之间的性生活次数高于美国，而夫妻抱怨得也较少。根据我们的调查，意大利是欧洲的性爱之都，每周做爱 3~4 次的意大利夫妻比例显著高于美国夫妻的比例。

我们应该如何看待那些性生活频率较低的婚姻关系呢？假如每个人都感到满意，那么任何频率的性生活都是可以接受的。但我们的研究结果表明，只有三分之一的男性认为他们的性生活频率正好，也只有略微超过半数的女性对性生活频率完全满意。因此，许多人都处于自己想要改变的常态值中。身处稳定婚姻关系中的伴侣需要做出令双方都满意的妥协。

性义务

当然，性爱的数量与质量是完全不同的两个问题。当一方或双方做爱仅仅是出于义务而非渴望时，他们不太可能为性生活的质量打出高分。这一问题在女性中更为普遍。31% 的女性表示，她们时常出于义务而做爱；而相对的，男性的比例为 16%。此外，这在夫妻间已不是什么秘密。当我们打开调查表格，让人们描述伴侣的做爱动机时，53% 的男性和 18% 的女性表示，他们的伴侣经常出于义务而做爱。

那么，如果一方心甘情愿地想让另一方快乐，那么出于义务也并非一无是处。但是，假如一方经常在性生活中完成义务而没有从性体验中获得太多乐趣，那么性就会使得夫妻双方变得疏离，而不再是加强联结的工具。我们该怎么做呢？ 在某些情况下，解决办法可能很简单，只要表现出你真正的激情和热情即可。毕竟，更多的男性认为他们的伴侣是出于义务才发生性行为的，而女性却不这么认为。或者，倘若没有性欲望却有彼此亲近的强烈感觉，那么双方仍然可以表现出他们所喜欢的亲昵。但如果有一方真的只能在性生活中极少获得满足感或完全无法获得满足感，那么双方就有必要建立婚姻关系的新常态。

裸睡

我们惊讶地发现，只有 34% 的女性和 38% 的男性经常裸睡。正如你所能想到的，裸睡和性满足之间似乎存在某种关联。当你的伴侣穿着法兰绒睡衣爬上床时，你的热情被点燃的概率一定不如他（她）裸体爬上床时那么高，尤其当你也赤身裸体的时候！事实上，当我们观察那些在婚姻中感到不幸福的人时，发现他们中 75% 的人都没有裸睡的习惯（也许有些人一开始就觉得与伴侣的性生活不和谐，因此不想激起对方的性欲望）。

自然而然地接吻

我们需要更多的亲吻
24% 的男性表示其伴侣从来不在做爱之余亲吻他们。

请注意：如果你想获得更多的性满足，那就更多地亲吻对方吧！我们知道接吻是性爱和情感交流的基本组成部分。从我们所了解到的女性对亲密关系以及对做爱所需要的适当情感环境来看，如果接吻是一种相互爱慕的体验，那么更多的亲吻也是不错的方法。然而，只有44%的女性和34%的男性表示，他们在性生活之余也会常常不由自主地接吻。

在对性生活极度不满的男女中，仅有13%的人会不由自主地亲吻对方！一旦婚姻中缺少了表达爱意而非性生活形式的亲吻行为，这可能就是婚姻亮起红灯的危险信号。

接吻经验

我们还要求受访男女给伴侣的接吻技巧打分，取值为1到10分。虽然大多数受访者喜欢伴侣的亲吻，但只有37%的女性和27%的男性给伴侣的亲吻打出9分或10分。拉丁美洲人则是例外，在我们的调查中，超过半数的拉丁美洲女性为她们的伴侣打了满分。

但遗憾的是，约有五分之一的男女给自己的伴侣打出5分甚至更低的分数。或许是男性希望他们的接吻常态值可以提升到更加热烈的水平；又或许是女性希望亲吻可以更加温存或更有激情。从调查数据中，无法得知人们如何得出这一分值，但我们猜测夫妻们可以尝试不同类型的亲吻——热烈的吻、轻柔的吻或温存的吻——或许这样就能让评分迅速飙升。

性幻想

总有那么一个时刻，哪怕只有千分之一秒，你在做爱的时候想到的不是你的伴侣，而是别人。因此，你可能会想，性幻想到底有多常见？在我们的研究中，53% 的男性表示他们在做爱时有时会想到其他人，而 38% 的女性也承认在做爱过程中会走神！

更重要的是，假如你偶尔一边幻想着与其他人做爱，一边与伴侣在一起，这是否意味着你可能对现在的伴侣有所不满？但事实并非如此，性幻想与婚姻满意度以及性亲密度毫无关联。性幻想与年龄，甚至双方共同生活的时间长短无关。

我们私下里渴望什么？

你可曾看过一部电影，其中的性爱场面让你想在家中重演一次？或是这样的电影让你沮丧，因为你永远无法想象你和伴侣也能拥有那么热辣的场面。你会经常与伴侣分享诸如此类的感受吗？

影视节目可以通过刻画激情的性、无拘无束地做爱、被崇拜和被极度需要，以及在极致狂喜中的互相取悦来设定对性爱的高期望值。当人们期待他们的性关系或恋爱关系应该像媒体报道的样子推进时，很有可能会大失所望。事实上，43% 的男性告诉我们，他们在影视节目中看过的性爱镜头让他们对自己的性生活感到沮丧。超

过三分之一（37%）的女性也有同样的感受。在这些男女中，绝大多数人都明白，他们所看到的这些影像在长期相伴的伴侣中极为罕见，但不管怎么样，他们还是想试试看。

令人遗憾的是，这种失望往往是不必要的。事实上，男女之间的性幻想有相当多的重叠部分，假如他们能与伴侣分享这些性幻想，就可以显著地改善性生活，双方均能从中受益。但只要人们还是依赖伴侣来猜测自己想要什么，这些幻想就将难以实现。稍微坦诚一些，一切将会截然不同。

我的头号性幻想对象是……

当我们问道："你的头号性幻想对象是什么？"男性的幻想通常会包括他们的妻子或前女友。除了她们，大多数男性似乎对陌生人或其他女人没有太多幻想。有趣的是，尽管男人总是幻想着这些画面，但这其实也是女人最喜欢的幻想。事实上，有一些男人也有过类似对妻子的描述。但男性比女性更有可能在幻想中加入一些怪

"这是我的卧室。"

异的细节。

对大多数人而言，和伴侣谈论他们的性需求和喜好是难以启齿的一件事。即使有严重的性生活问题，例如前戏效果不佳、早泄、对总体性行为或某一性行为怀有恐惧，他们仍然害怕挑起话题，担心自己看上去好像在指责对方的无能。如果这种欲望是为了交换或实施某些幻想，即使是结婚多年的伴侣也可能担心受到对方的嫌弃、讨厌或批评。

这种胆怯具有充分的理由。如果伴侣的反应是愤怒或尴尬，就有可能制造或恶化问题。许多人不想去冒导致关系紧张或被伴侣拒绝的风险，于是将欲望和失望统统留给自己。同样的，如果性幻想是他们曾经在另一段关系中所享受到的，或是目前事情的发展方式不尽如人意，隐忍的感受可能会日益恶化为缺失感以及怨恨。

值得我们思考的是，许多已婚人士对某些特定性行为的渴望无法被家庭性行为满足。为了让人们更多地意识到这些未被满足的需求，我们给受访者列出了一长串选项，请他们选择自己认为在性关系中最想要做的两件事。我们列出了从"希望我的伴侣有更好看的手"到"希望我的伴侣有更好的体味"等诸多事项。

男性大胆地说："我的伴侣可以成为更好的爱人，假如……"

我们的调查显示，近三分之一（30%）的男性希望伴侣尝试不同的性行为。男性抱怨说，与伴侣的性生活没有新鲜感。尽管有一部分原因出在男性自己身上，但可预测的性生活并不是大部分人真正想要的。这并不代表这些男人一定不快乐，而是他们想让一切有所不同，也许是不同的体位、新鲜的前戏，或者另一方在性生活中更加主动。

男性第二个普遍的愿望（22%）是希望伴侣少一些被动，多一些激情。这部分男性希望自己的性生活能超出常规的刺激范围。当然，那些希望性生活能少一些可预测性而多一些花样的男人其实也是在间接地要求伴侣具有更高的激情。

男性最渴望获得的性爱清单上排名第三的则是希望得到更多来自伴侣的性反馈。16%的人表示，他们希望做爱时能从伴侣那里听到更多的声音，好让他们知道伴侣正在享受这一过程。换句话说，他们想要得到更多正面的反应与鼓励。

男性希望从伴侣身上获得：
1. 性爱多样化（新的性行为）
2. 少一些被动（更多的激情）
3. 性反馈（更多的反馈）

女性希望从伴侣身上获得：
1. 前戏（更多的抚触）
2. 浪漫（更多爱的激情）
3. 少一些可预测性（更多自然而然的举动与乐趣）

我们的发现与其他关于夫

妻性行为的研究一致。大多数持久关系的性开端都是既热烈又充满激情的。女性反应敏捷、专注而兴奋。男性觉得自己的性功能强大而有效，渴望能使伴侣变得"狂野"。但随着时间的推移，夫妻双方逐渐习惯了彼此，性爱的温度可能由炽热转为温暖（而对问题夫妻来说，则会由热转凉）。在一段良好的关系中，性爱并不是生活的全部，但男人们仍然表示他们想念那样的性爱，尤其是当媒体提醒他们最富有激情的时期是什么样子的时候。他们希望伴侣再次疯狂并给予他们惊喜。他们想要成为伴侣曾经拥有或可能拥有的最好的爱人。在一起 20 年后，这是一个极高的期望，但有相当一部分男人就是喜欢这样。

女性大胆地说："我的伴侣可以成为更好的爱人，假如……"

很久以前，一位名叫特里·塔佛亚（Terry Tafoya）的心理学家戏谑道："某些女性假装高潮是因为某些男性假装前戏。"在我们的研究中，女性最渴望的是更多的前戏，这可不是玩笑。四分之一的女性表示她们的性生活没有足够的前戏。她们想要得到更多的抚触。

女性愿望清单上的第二项是性爱中的浪漫与激情。20% 的女性想要更多的激情；但倘若在性行为早期，她们的性兴奋能被更好地唤起，那么这个愿望可能就毫无意义了。

对于 19% 的女性而言，第三个愿望是少一些可预测性，多一些新奇性。似乎男女都想要更多新奇的动作，但却没有人主动。我们的调查数据告诉我们，大胆地去做爱吧！

婚姻新常态建议

在恋爱五年之后，蕾蒂（Letty）和保罗（Paul）走上了婚姻的道路，但在我们告诉他们《幸福婚姻的秘密》的数据之前，他们从未告诉过对方自己的性幻想。他们都才 30 出头，对这项练习有点不太确定，但当他们大胆说出来后，双方都松了一口气，发现他们的头号和二号性幻想均涉及彼此！蕾蒂告诉保罗，尽管听起来可能很傻，但她觉得，当他们接吻、做爱时，他要是能抱着她，让她的双腿缠绕在他的腰上，背靠着墙，这样将非常性感。她曾经在电影中看到过，并时不时地想到这一点。保罗透露，他经常考虑用 69 式做爱（他们很少尝试）和使用情趣用品。他们愉快地谈论着自己的性幻想，彼此敞开心扉，把这些话都说了出来。

随后，在蕾蒂生日那天，保罗带她前往拉斯维加斯。他们享受了一顿特别的晚餐和一场表演。当天晚上回到酒店之后，保罗将蕾蒂的头号性幻想变为现实。这正是她梦想的方式，她感受到前所未有的爱以及与保罗深深的联结感，因为他还记得她对这种特殊性行为的渴望。事实上，这是保罗计划好作为她生日礼物之一！蕾蒂也十分乐意将保罗的幻想变成现实。

对我们中的许多人而言，释放压抑和彼此失控是可怕的。令人惊讶的是，即使我们拥有一段真心相爱的关系保障，性亲密行为也会受到如此之多的限制。什么能帮助我们克服恐惧？答案的第一部分总是涉及沟通。大多数欲望都是无言的。即使是长期相伴的夫妻也不好意思要求和解释他们想要什么以及为什么想要。但对话就是前戏重要的表现形式。

答案的第二部分包括摆脱抑制。我们很多人都被教导：尝试狂野放纵的行为——包括更为野蛮的性生活和激情的性行为都是可耻的，或在某种程度上是错误的。甚至连建议尝试一下都可能显得失礼。但除非我们真的放手一试，否则我们就是在欺骗自己的性潜能：神经质和假正经只会造就令人心寒的床伴。

第一步先问问自己想要什么，并告诉对方你的想法。如果你对自己私密的性爱观念保密，你的性关系将毫无改善的可能。

工具 33 ▶ 了解伴侣最喜欢的性幻想并加以考虑！

这一工具十分简单，譬如问问伴侣他（她）最大的性幻想是什么。对大多数夫妻而言，仅仅是分享这些信息就已经十分新奇了，而且可能会很好玩。如果婚姻中你们拥有良好的沟通和相互的信任，它将为你们的性生活添光增彩。

工具 34 ▶ 美妙的性爱周末

不确定什么样的新冒险适合你的舒适区要求？可以从安妮·霍珀（Anne Hooper）的《终极性爱指南》（*The Ultimate Sex Guide*）一书开始，该书展示了不同的性爱姿势。或者看看《美妙的性爱周末》（*The Great Sex Weekend*），这本书建议如何在周末度假时把浪漫和性爱结合起来。和你的伴侣共读，双方都可以着重标出各自所感兴趣的建议，然后对标记的部分进行讨论并尝试一些双方都感兴趣的想法。谁知道呢？或许在一些新的经历之后，你可能会对原本讨厌的事物拥有不同的感受。

工具 35 ▶ 让吻遍及全身

从头开始，吻遍全身的每一寸肌肤，轮流进行，从前至后……告诉伴侣哪一个吻最让你激动（"再来一次"）。

工具 36 ▶ 把灯调暗

给卧室的灯装上调光器。如果你已经装了，那就改变灯泡的颜色，或是把两项任务都一起完成！然后调暗灯光，打开音乐，将冷冻的香槟作为惊喜，告诉对方今晚你的意图。

工具 37　▶　惊喜之夜

　　每月安排一个晚上，在床上尝试一些你从来没做过或很久没做过的事。这就像在地板上而不是在床上做爱，在特殊的部分喷香水，穿上平时不会穿的衣服，或什么都不穿。

第十二章

秘密与谎言

"嘿！那不是你妻子吗？"

"是的，别搭理她。我们之间出现了一点信任危机。"

婚姻中的信任感

　　婚姻中的信任感至关重要。仅 7% 的恩爱夫妻对伴侣的诚实与忠贞怀有质疑。当信任崩塌时，即便是最为完美的婚姻，都有可能被偏执所摧毁。

当怀疑自己受到欺骗时，指责的一方往往觉得自己义正词严，觉得自己受到了伤害。然而，人们的指责与恐慌常常出现偏差。如果你在前一段感情中被欺骗，即使现在的伴侣一心一意，诚实又率真，你还是可能会把这种不信任感带到现在的关系中。这是可以理解的，然而，毫无根据的猜疑会影响并破坏一段关系。

当名誉和正直受到质疑时，尤其是在指控毫无根据的情况下，被控诉者通常会勃然大怒。即使怀疑是完全有根据的，被控诉者可能也会因为自身的辩解不起作用而感到愤怒。事实上，被信任是人的基本需求，即使是经常撒谎的人，在被他人指责时也会感到愤愤不平。如果是撒谎被当场抓个正着，欺骗的一方也会抗议道："你胆敢不信任我！"

但人们其实很容易产生质疑。我们的调查数据表明，即便身处良好的关系之中，信任也并非坚不可摧。对大多数人而言，完完全全信任自己的伴侣似乎相当困难。

审慎也许源于自知。假如我们怀疑自我的可信程度，或者对自我的轻率感到内疚，我们就更有可能将怀疑投射到伴侣身上。每个人都有不安全感，但如果失去控制，变为偏执，就会对一段关系产生可怕的影响。

你是否信任伴侣?

　　在我们的研究中,仅有 39% 的女性完全信任自己的伴侣,而男性的这一比例为 53%。结果为何如此? 为什么调查结果出现性别差异,为什么人们的信任度普遍较低? 这可能是因为很多夫妻凭直觉或从过往经验中了解到,他们的配偶或同居伴侣可能是个浪子。

质疑伴侣忠诚度调查

夫妻们要小心

仅53%的男性和39%的女性完全信任自己的伴侣。

异性恋关系中的女性也知道与许多研究所揭示的结果相同：一方面，男性对婚外性关系更感兴趣，更觉得刺激，这或许就能解释为何女性怀疑伴侣是否诚实和忠诚的比例高于男性；另一方面，近半数男性也对伴侣怀有质疑。男女都相信伴侣会隐瞒那些不快的事，也都认为他们也许需要深入挖掘才能知道事情的真相。

当我们观察并比较不同族群信任度及其影响时，确实发现了某些差异。与我们调查的其他种族相比，非裔美国人完全信任伴侣的概率较低。

你会嫉妒吗？

嫉妒可以用来衡量两性关系的不安全感。我们的调查数据表明，女性（40%）比男性（23%）更善妒。也许这是因为男女双方都认为男人比女人更容易出轨。这一数据也折射出某种现实：假如双方关系破裂，男性寻找下一任伴侣的可能性更大。在一些非裔美国人的社区尤其如此，可供选择的女性比例与男性比例在很大程度上让男性占据了优势。在所有社会文化中，如果女性带着孩子，收入较低或没有独立收入，她们就会变得更为脆弱。这些相对的脆弱有助于我们更好地理解嫉妒的性别差异。

但有趣的是，我们的调查数据表明，18~24 岁群体（55%）的嫉妒心理是 50 岁群体（24%）的两倍多。很有可能是因为年轻时人们还不安分、没有婚姻和子女的束缚，因此情感关系也更不稳定。一二十岁的年轻人对彼此关系的投入时间往往较短，而与有吸引力且符合条件的备选者接触较多。在这些年龄较小的年轻群体中，善妒情有可原。

在大多数关系中，嫉妒的程度高低无伤大雅，不会影响双方的幸福感和性满意感。虽然持续性的信任缺失与过度的怀疑会一步步损毁关系的联结感与对双方的彼此尊重，损害两性关系，但是偶尔出现的嫉妒也会是很好的调情方式。

是什么导致伴侣说谎?

人们在婚姻中说谎是因为他们害怕说真话后得到的反应。他们在权衡利弊之后，如果说谎能给他们省却一些痛苦，他们通常会选择顺水推舟。然而，不论男女，很少有人在说谎过后感觉良好，特别是被当场揭穿的时候！究竟是什么构成了谎言？有些欺骗可能正如你告诉伴侣去买东西，而实际上却偷偷和老情人喝咖啡一样容易辨别。但有些谎言是灰色的（指说谎者能从中获得利益，而其他人也能从中得到好处），本意是为了避免伤害或规避不必要的争执。常见的灰色谎言，譬如淡化或隐瞒现任爱人无须知道或很想知道的关

"你看上去美极了。这件衣服是新买的吗？"
"不是啊，这件衣服已经穿了很久了。"

于前任恋人的信息。

　　另一些谎言则夸大或歪曲事实真相。有些人习惯有意无意地捏造或放大事实。久而久之，他们的伴侣则会对自己听到的话打折扣。他们的情绪反应取决于谎言的主题。"我过五分钟就到家"如果是句骗人的话，听起来确实让人生气。但如果一个人逐渐意识到对方通常会迟到一小时，这就不是什么大不了的事了。但是，当夫妻中的一方说"我只喝了一杯酒"，而实际上却喝了一整瓶酒的话，说谎带来的风险则完全不同。这一谎言会带来严重的后果，对方一旦发现则会导致更为剧烈的反应。

你会对伴侣撒谎吗？

近四分之三的受访者（75%的男性和71%的女性）表示，他们都曾或多或少地对伴侣撒过谎。只有27%的受访者表示从未说谎。说谎会对你们的关系产生负面影响吗？不一定。即使是最为恩爱的夫妻，也有69%的男女曾对伴侣撒谎。

但我们需要进一步聚焦于幸福夫妻说谎这一事实。对于大多数夫妻而言，为了维持家庭的安宁、维护彼此的感情以

> 🌐 **全球观测点**
>
> 哪个国家的人相对说谎最少？仅半数匈牙利男女表示他们会对伴侣撒谎。

及保持关系中的安全感，有些谎言是必要的。27%从不说谎的人可能是出于正直，但也可能是略带残忍的直言不讳。那些遮掩真相的男女可能更富有爱心和保护欲。但即便是善意的谎言，如果所隐瞒的真相是对方完全有权利知道和必须知道的事，也有可能会损害你们的关系。想要弄明白什么时候说谎情有可原，什么时候应受到谴责，这并非易事。

你在衣服或其他物品的价格上撒过谎吗？

超过三分之一（36%）的女性和 19% 的男性告诉我们，他们在商品花费上撒过谎。对一件东西的价格撒谎似乎不会对你们的关系产生任何直接的负面影响，但即便是在像买衣服这样的小事上撒谎也绝不应该是你想要养成的习惯。你说一件衣服花 50 美元，而对方很容易就能知道它的真实价格是 250 美元。因此，为了一件衣服而失去伴侣的信任是不值得的。

你对伴侣的长相撒过谎吗？

针对伴侣的长相撒谎绝对是善意的，且在男性中相当普遍。40% 的男性和 24% 的女性会在外表问题上对伴侣撒谎。性别差异的原因可能是，女性更频繁地询问自己的长相是否好看，也更希望得到他人对自己外表的肯定。男人正确地判断出，很少有女人愿意因为自己的长相而受到批评。因此，他们都会给出善意的答案，即使并不一定是诚实的答案。

你在金钱的问题上撒过谎吗？

人们通常对钱比其他任何事情都更加守口如瓶。四分之一的男女在金钱问题上对伴侣撒谎。夫妻们甚至会夸大或隐瞒自己手头的钱财数额。你可能认为谎报净资产或银行存款会造成大问题，但令人惊讶的是，在我们的研究中，对大多数夫妻而言事实并非如此。

你会在自我感受问题上撒谎吗？

两性关系应当是开放、无私且诚实的，但却有 59% 的男性和 56% 的女性在自我感受问题上撒谎。半数的夫妻不仅压抑自己的情感，还会对自己脑中与内心的想法给出误导性反馈。正如你可能猜到的那样，不快乐的人撒谎最多。事实上，72% 婚姻不幸的夫妻选择不与伴侣分享他们的真实感受。无论这种情感上的欺骗是整体婚姻不幸的因还是果，都很难修复这段关系。但令人吃惊的是，48% 的幸福夫妻也会对自己的感受撒谎。

你会隐瞒朋友和家人真正说过的真话或他们的真实想法吗？

近三分之一（31%）的女性和 28% 的男性表示他们会在朋友和家人的真实想法上撒谎。年龄与关系持续时间在调查结果上并未表现出显著的差异。我们认为，许多人都是出于保护伴侣免受批评的想法，这一点具有合理性；但这也会让对方无从知晓谁才是真正的支持者，而谁又在利用批评破坏他们的关系。但这也许是保持安宁或与朋友、家人维持和睦关系的唯一选择。倘若对方得知别人在背后所说的坏话，就会阻挠或禁止你与他们见面。在了解了这一组数据之后，你可能会对伴侣的朋友及家人对你的真实看法心存疑问，但也请你要记住，大部分的伴侣不会撒谎，又或者说没有必要撒谎。

你会对伴侣的性表现撒谎吗？

> **想要获得更高质量的性爱吗？**
> 假如你能和伴侣更开放地讨论你们之间缺少的以及你真正希望得到的，那么双方都将会更享受性的美好。

就像男人更容易对伴侣的外貌编造善意的谎言一样，女人往往更有可能奉承伴侣的性表现。我们发现有 43% 的女性会在自己对于伴侣的性表现感受上撒谎，而相比之下男性在这一问题上说谎的比率仅为 28%。这并非因为女性是更好的伴侣，而是因为她们觉得更有必要保护伴侣的感受。当男性感到不安时，可能很难做到勃起，所以出于对女性以及男性自身的利益考量，我们有必要提升男性的性自信。但值得注意的是，双方需要一些坦诚的交流，否则情况不太可能有所改善。

在性表现方面，谁说谎最多？乍一看，夫妻在一起的时间越长，他们说谎的概率就越大。在双方关系的第 1 年，仅 24% 的男女表示在伴侣的性表现上撒谎。婚后 6~9 年，这一比率已攀升至 46%。但随着时间的推移，许多夫妻意识到他们需要更坦诚地进行床笫间的交流。婚后 20 年，对伴侣性表现撒谎的比率下降为 39%。误导爱人的尽管只是小部分男女，但其后果却值得我们重视。

正如你所能想象到的，对性生活不满意的男女说谎的次数几乎是对性生活满意的伴侣（27%）的两倍（50%）。如果你开诚布公地和伴侣讨论性生活中行不通的那些事，更有可能获得性满足，而不是牺牲自己的快乐来安抚伴侣的性感受。说谎或许能规避风暴，但也会隔绝性高潮的体验！

以下是与性表现有关的典型谎言：

在我们还一起过性生活的那些日子里，我夸她棒极了。

——男性，60 岁，没有孩子

他（在做爱的时候）问我，他是不是"最好的"。我当然回答说是的。事实上，他并不是，但比他强的那个人也是个狂妄的浑蛋。

——女性，44 岁，已婚，没有孩子

当我说我很享受性爱时，我说谎了，其实我一点也不享受。她只关心自己是否开心，而为了让她开心，我做了力所能及的一切。

> ——男性，62 岁，已婚，没有孩子

我很累的时候只想让他快点完事，所以就会假装高潮。

> ——女性，50 岁，离异，没有孩子

通过性爱达到高潮——这对我来说非常困难，但我不想让他难过。

> ——女性，23 岁，未婚，恋爱 5 年，没有孩子

我表现得很兴奋，但事实上并没到达那个程度。

> ——男性，45 岁，已婚，有孩子

尺寸长短很重要。他的尺寸不大也不小。但我告诉他这是完美尺寸。

> ——女性，54 岁，恋爱中，没有孩子

你会对过去的性经历撒谎吗?

大多数夫妻都会坦诚自己过往的性关系，但仍有 28% 的女性和 31% 的男性在这一问题上说谎。有些谎言可能是为了不伤害对方

的感情；还有一些谎言是为了要让说谎者看起来比事实上更具性经验。但谎言被揭穿的风险总是存在的，受蛊惑的伴侣将会遭受双重伤害——既包括错误信息的传导，也包括背叛。但另一方面，很多类似的搪塞似乎从未被揭穿，因为我们的调查结果显示，人们对过去的性经历撒谎并没有影响两性关系的幸福感与性满意度。

你会对自己的行踪撒谎吗？

50% 的男性和 36% 的女性表示，他们有时会谎报自己的行踪以及正在做些什么。其中一名受访者解释说："我必须承认，我经常撒谎并漏报自己的行踪。例如，当我和前任见面时，我不会告诉亨利（Henry）。他很不喜欢我的前任，而且我认为他觉得我对前任仍有好感。事实上我并没有，但我还想和前任保持朋友关系。因此，当我真的和前任共进晚餐时，我要么不告诉亨利，要么告诉他我和我的女性朋友们在一起。"

以下是另一个事例："我告诉她我要加班，但实际上我只是偶尔加班。我和同事出去喝了几杯。我不会告诉她我在哪儿，她要是知道了准会找我麻烦，我也不想去应付她。因此，我只是告诉她我在加班，我不想为此而大动干戈。"

虽然大多数人可能会为与上述的两个例子相类似的事情给出合理的解释，但事实是：不幸福的人比幸福的人更会谎报自己的经历。

相较于33%婚姻幸福者的说谎比例，超过一半（51%）的婚姻不幸者会谎报自己的行踪。这也许是因为其中一部分谎言与性有关，因为56%对性生活不满的人会谎报自己的行踪，而这一比例在性满意度较高的群体中仅占28%。

你看过伴侣的电子邮件吗？

隐私似乎总是被窥探。超过半数（54%）的女性和49%的男性会看伴侣的电子邮件！这一点似乎也和他们对自己的关系是否满意无关。似乎任何人都很难抵挡偷看别人私人信息的诱惑。

隐私窥探者

世界各地有40%~60%的人表示他们曾窥探过伴侣的电子邮件。

这可能是由于许多夫妻的电脑和电子邮件都是对方可以登录的。但这并不是一种公开的窥探邀约。有位男士说："我撞见女朋友在偷看我的电子邮件，我简直气疯了。她竟然会那么做！这侵蚀了我对她的信任。我们因此而分手。当我和我现在的妻子乔治娅（Georgia）约会时，我告诉了她那件事，因为我想让她知道我对自己的隐私有多么在意。"

婚姻新常态建议

　　茱蒂丝（Judith）曾经和一个出轨的伴侣交往过，这件事让她非常难过。这段动荡的感情经历和对方一次次的背叛不仅导致了这段关系的终结，还影响到后来她与比利（Billy）的关系。她的善妒与多疑也让比利非常抓狂。比利在茱蒂丝翻他口袋、桌子和手机时抓了个正着。他最终因此和她分手，而茱蒂丝从未发现自己的多疑是否有根据。

　　几年后，她爱上了斯图亚特（Stuart）。她向他讲述了早前的混乱状态以及她对自己所在乎的男人的偏执倾向。而事实上，她的过度敏感不仅来源于男友的行为，还来源于父亲对母亲的不忠。斯图亚特问她怎样才能相信他。她想了想说："两人之间不能有秘密。"对她而言，这种状态就是电脑随她查看，不能设置密码；永远不能出现她无法通过固定电话联系上他的情况；也不能与漂亮女士重复地共进午餐、晚餐或一起进行商务旅行。

　　斯图亚特愿意满足她的所有条件。茱蒂丝不但不再多疑和善妒，而且最终还放松了一些条款。他们最后结了婚，茱蒂丝的善妒再也不是问题了。

　　欺骗和不忠往往会折射出不安全感，也代表着对信任的背叛。谎言貌似是简单的逃避方式，与其说谎言对说谎者有利，倒不如说它让说谎者陷入了更多的陷阱而难以自拔。大多数谎言都会对婚姻关系产生负面影响。一旦开始撒谎，你就必须做到滴水不漏，而要记住一件从未发生过的事情以及它的所有细节是相当困难的！此外，你心中也一定会揣测，万一哪天真相大白，你的伴侣会如何看待你。

撒谎损害亲密关系。即使你的伴侣相信你的欺骗，你也清楚自己是什么样的人，清楚自己在做什么，因此谎言将不可避免地成为你们之间的隔阂。谎言促使你不再直面问题，不再与对方进行艰辛的对话，而这却是每对夫妻为了成长和变为更好的自己所必须经历的一切。

工具 38 ▶ 痛点

每个人都或多或少拥有一些痛点。伴侣的衣着或者在社交场合与异性长时间接触都有可能会点燃你的嫉妒心。和茉蒂丝一样，我们中的许多人在对嫉妒免疫之前，更需要正视这些痛点，而有时候最好的方式是将它们吐露给伴侣。

请好好地和伴侣就各自的"信任按钮"进行对话。告诉对方为什么你认为自己拥有某条敏感神经。是过往的恋爱关系使然？还是与家族历史有关？了解并理解对方最敏感的弱点可以提升亲密感，使你能够保护伴侣的脆弱。努力不去触碰那些激发愤怒和恐惧的按钮，可以极大地改变无法满足的情绪和反应，使得这些事件不再成为关系中的绊脚石，而新的婚姻常态也将催生。

工具 39 ▶ 同意有所保留

如果伴侣想知道一些有损关系的细节，比如你曾有多少个性伴侣，你可能就会被迫撒谎。

与伴侣谈谈为何对过去的性爱经历翻旧账是毫无意义的，并提醒自己也不问诸如此类的问题，要明白这些信息对于现在的关系是毫无益处的。

工具 40 ▶ 假如你没有安全感，请寻求婚姻咨询的帮助，而不是窥视伴侣的电子邮件

如果你通过伴侣的电子邮件寻求线索，了解他们在双方分开时在想些什么或说些什么，那么你需要解决这些问题。显然，你对伴侣的爱恋或忠诚缺乏安全感，而一旦发现令人悲伤的信息只会加深这一不安全感。更好的办法在于加强你们的关系，这样你就有信心相信伴侣不会背叛你，也不会和其他人说甜言蜜语。

但这说起来容易，做起来难。如果你已经沦落到翻看伴侣的口袋以及电子邮件，以便确认他（她）是否仍然爱你或对你忠诚，那么你也许是时候去看心理医生或心理咨询师了。在专业人士的帮助下，你可以得知自己的偏执是否有一定的事实基础，或是你的不安全感是否存在其他诱因。一个好的治疗师可以帮你理顺这些夫妻之

间的问题或你的个人问题。

工具 41 ▶ 直击性爱真相

我们建议，与其为了激发伴侣的性能力而撒谎，倒不如尝试某些能为你提供中性立场的出发点。例如，"为什么我们不试试在一开始做爱的时候就温柔地抚摸对方呢？""我觉得我更喜欢温柔的抚触。你喜欢什么呢？"随后，当伴侣按照你的喜好行动时，请展现你真实的热情，如果伴侣所做的不合你意，要么不做回应，要么提出调整建议。请尽力培养既充满鼓励又真实准确的反馈。

第十三章

不忠与出轨

诱惑

我非常喜欢我的一个朋友，这种情愫是相互的。它极大地改善了我的生活。虽然我觉得我有充分的权利享受它，但我不想告诉丈夫。

——女性，33岁，结婚10年

为何婚姻之外的性幻想普遍存在?

根据我们的调查数据,思想和身体的绝对忠诚实属罕见,在婚姻中受到诱惑而出轨的情况并不少见。但对许多人而言,诱惑使其陷入道德上的两难境地。在西方社会,男女都十分珍视自由交往的自主权,但这一便捷地接近其他异性的方式会让伴侣以及自身都感到焦虑。无人监督我们的一举一动,因此在荷尔蒙的影响下,我们必须对自己的反应负责。这种责任,对于某些人而言,是真正的负担。

为何基本关系之外的性幻想普遍存在?部分原因在于人与其他动物一样,欲望是人类进行物种繁衍的关键。天鹅是一种一生仅配对一次的生物;如果其中一只死了,失去配偶的另一只将不再交配,直至死亡。但这并不是物种繁衍的良好模式,因此人类进化出强大的性欲且不局限于单个配偶。 想象与其他人发生性关系为我们可能遭遇的不测做好了准备,比如离婚或丧偶。从某种意义上来看,我们需要那些不忠的幻想。但另一方面,因为我们承诺过要对彼此忠贞,所以我们清楚违背誓言可能带来的苦果。因此,我们中的大多数人都在刻意压抑着自己。

对其他人怀有性幻想

仅是邂逅另一个人就有可能引发生理或心理的吸引,这一反

应并不会因为你已拥有一段稳
定的关系就自动停止。我们的
调查数据显示，61%的女性

假想情人
61%的女性和90%的男性对与之
邂逅的人怀有性幻想。

和90%的男性对与之邂逅的人怀有性幻想。因此，想象是无法制
止的！

我们赞同对他人抱有性幻想是人的本能反应，而不是对基本关
系的折射。我们在调查中发现，一段关系的持续时间与外界持续存
在的诱惑并无关联。结婚一年之后，你可能会对他人充满"内心渴
望"，也可能并无此类想法。但没有必要由于相处时间久了就担心伴
侣对他人怀有不切实际的想法。

更令人惊讶的是，我们的调查数据表明出轨的幻想与核心关系
的幸福感事实上并无关联。无论你与恋人相处得愉快与否，外界的
诱惑都是客观存在的。

色情幻想

一谈及色情话题，多数女性往往会很快地给出负面反馈。虽然
某些女性可能喜欢色情图片和电影，但她们却担心自己的孩子会看
到低俗、裸露的女性图片，或
看到那些充斥着怪异或违法行
径的图片以及两者兼而有之的

小秘密
6%的美国女性表示："我喜欢一个
人看色情片。"

图片。尽管如此，但色情片对两性而言都能起到刺激作用，因而与性相关的产品极为畅销。

89% 的男性受访者表示他们喜欢色情片。超过四分之一（28%）的人经常看，17% 的人有时会看，44% 的人表示偶尔看。因此，如果你因为自己的男友或丈夫偶尔观看色情片而觉得他有怪癖，那么请重新审视这一问题，他只是和大多数男人一样喜欢色情片而已。

尽管男性是色情片的主要受众，但也不只限于男性。多数女性（59%）会和伴侣一起观看色情片，但大多数男性则喜欢独自观看，而且也不一定都让自己的伴侣知晓这件事。大约 42% 的女性（与之相对的是 15% 的男性）表示，她们曾发现伴侣在偷偷观看色情片。

与任何你想要的人发生关系

仅仅限于遐想，我们想知道如果人们无须对自身的越轨行为承担任何后果的话，男性和女性将会有哪些隐秘的欲求。因此，我们在调查中问道："如果你有机会与任何一个你想要的人发生婚外性行为，且这对你目前的婚姻或家庭毫无影响，就好像这一切从未发生过一样，你会这样做吗？"男性和女性选择付诸行动的比例是 3:2！近三分之二（65%）的男性和略低于一半（43%）的女性认为这是一个不可抗拒的假设。

这一结果表明，很多人都对性冒险和浪漫怀有隐秘的渴望，即使我们从未付诸实践。我们不希望这些诱惑破坏现有的关系或道德承诺，但是我们还是会情不自禁地想起公司野餐会上那位迷人的新同事。

鉴于此类幻想的普遍性，我们还想知道，假如伴侣也得到了同样的赦免权，我们的受访者对于伴侣是否会与其他人发生性关系的态度是怎样的。反馈结果非常准确。男性的预测完全正确，43%的男性预测伴侣会选择出轨；58%的女性认为伴侣会抓住这一机会。

但得到"免费赠品"是一回事，而实际策划、主动邀约或同意婚外性行为又是另一回事。一些情侣开玩笑说，彼此都允许对方与自己心爱的电影明星发生性关系 [幻想一下，比如斯汀（Sting）、凯蒂·佩里（Katy Perry）、乔治·克鲁尼（George Clooney）、安吉丽娜·朱莉（Angelina Jolie）、布拉德·皮特（Brad Pitt）、查理兹·塞隆（Charlize Theron）、泰勒·洛特纳（Taylor Lautner）]，但假如这种低概率事件真的出现了，那么幻想的性关系真的会发生吗？不计后果地与参加野餐的新同事一起做出超越性幻想的出格行为会怎么样？在这一点上，对性生活极度不满可能会使反馈结果呈现显著差别。在对性生活感到不满的夫妻中，79%的男性和65%的女性表示，他们会欣然接受与陌生人发生关系的机会。即便眼前摆着的是"禁果"，但饥渴的人也很难抵挡住诱惑。即使拥有和谐的性生活也并非完全保障。53%的男性和28%的女性对自己的性生活十分满意，但他们仍垂涎于充满魅惑的陌生人或好莱坞明星。

你会和主动向你发出性邀约的人发生婚外性关系吗?

现在让我们离开遐想世界，着眼于机会来临时人们的真实反应。并非所有的诱惑都是隐晦的，有时诱惑会以一方的主动邀约而直白地表现出来。

诱惑来袭

48%的女性和69%的男性表示，如果深深吸引自己的第三者主动提出发展婚外性关系的邀约，他们会忍不住付诸行动。

接下来会发生什么？近一半（48%）的女性和约三分之二（69%）的男性表示，如果自己深受吸引的某个第三者主动提出发展婚外性关系的邀约，他们会忍不住付诸行动。幸好这些人没有再敢越雷池一步，否则可能会出现更多的出轨行为。

我们在调查中确实发现，越是对性生活感到满意，发生婚外性行为的可能性则越小。但我们的总体结论是，接收到的公开邀约越多，发生出轨行为的概率就越高。保持一夫一妻制最好的方法就是当极具诱惑的人近在眼前时，与你的伴侣保持亲近。

你觉得还有更适合你的人选吗?

为什么那么多人都幻想着拥有另一个床伴？他们是否觉得会有其他更合适的人选？或者他们正积极地寻找逃离糟糕的家庭性生活的办法？当我们询问已婚人士或身处于稳定恋爱关系中的人，他们是否认为可能有比现在的伴侣更适合自己的人存在时，75% 对性生活感到不满意的人做出了肯定回答。结果表明，不少人会因为诱惑而选择离开。

但当我们将目光聚焦于那些对性生活非常满意的人时，他们中仅有 25% 的人认为会有其他人比现在的伴侣更适合自己。

奇怪的是，一段关系持续时间的长短与调查结果并无关联。决定男女对性选择态度的既不是相处时间，也不是社会学家所提出的"习惯效应"。相反，决定性因素似乎是他们对性生活的不满意，这一结果与许多负面关系的结果相吻合。对大多数夫妻而言，假如双方想在精神上和肉体上均忠于对方，和谐的性生活至关重要。

性诱惑的诸多成因

> 结婚并不是我所期待的。我们的性生活索然无味，我发觉自己期待着新恋情的出现——一段更如我所愿的恋情。
>
> ——女性，27 岁，结婚 6 年，没有孩子

交流、爱慕与吸引力的减少都可能引发某些夫妻的出轨欲念。我们的调查结果显示，缺少性快感或性生活频率较低甚至会让原本

缺少性生活的夫妻

快乐的夫妻关系变得不堪一击。但是，这些诱惑最有可能出现在哪些场合，具体又是如何发生的呢？

亲密的朋友越来越"亲密"……

朋友会成为你的竞争对手吗？你会被伴侣的朋友所吸引吗？绝大多数的男性（86%）和女性（85%）表示，他们认为自己身边的朋友都不会对伴侣构成诱惑力。然而，他们似乎大错特错了，因为当我们将问题调整后发现：近一半（45%）的男性和超过四分之一

（26%）的女性实际上已被对方的朋友所吸引，并跃跃欲试。这一调查结果让人陷入令人不安的两难境地。因为我们中的

过于亲近以寻求安慰？

45% 的男性和 26% 的女性表示，他们被伴侣的朋友所吸引，并试图付诸行动！

大多数人都希望伴侣能和自己的朋友保持友好关系，但不要演变为"亲密"关系。

最好的防御措施是发起良性的性行为。性生活极度满足的人对外界诱惑的反应要小得多。52% 对性生活不满意的人回应说，他们会被关系之外的吸引力所蛊惑，而这一比例在对性生活感到满意的人群中仅为 17%。

出差在外

假如你不常出差，出差听起来也许很有趣，但经常出差在外的人并不一定享受出差带来的压力和寂寞的漫漫长夜。在独自一人进餐或与那些讨厌、乏味而又难缠的客户应酬次数太多之后，能在飞机上、机场里或酒吧内遇到一位可人儿可以起到令人愉悦的调节作用。远离家人、朋友和伴侣的监视，这样的邂逅可能极具诱惑力。

当我们更近距离地审视出轨群体时会发现，差旅是诱惑出现并导致不忠的最普遍场景。超过三分之一（36%）的男性和 13% 的女性透露，他们曾在差旅途中抵挡不住诱惑。我们的调查结果显示，

在婚姻不同阶段，出差在外时陷入诱惑陷阱的可能性

当我们按结婚时间对受访者进行分类后，婚后 6~9 年在差旅途中无力抵抗诱惑的概率大大增加。这一时期恰好是婚姻关系最为脆弱、需要最多关注感的时期，因此这一调查发现不足为奇。

真正令人惊讶的是，无论这些出轨男女在现有的关系中有多幸福，甚至他们在家庭中的性生活很满足，都与他们的选择无关。有些男女只是无法拒绝或不想拒绝一场他们可能侥幸逃脱的艳遇。通过性接触来提升生活的刺激性和自我形象往往要比抵御住诱惑，回家后却苦苦寻求和艳遇一样具有吸引力的事要简单得多。

爱上其他人

近一半（48%）的受访者表示他们在对基本关系不满意的时候会屈服于诱惑，并已爱上其他人。

只有 20% 移情别恋的人仍然保持着亲密关系。但这一少数现象向我们提出了一个重要问题：一个与伴侣极为恩爱的人，怎么会爱上其他人？也许有些人可以同时爱着两个人或需要不止一个爱人；也许有些人与另一个灵魂伴侣不期而遇；又或许有些人认为这是一场"无害"的性冒险，事情最终却变了样。可悲的是，这些出轨事件所造成的痛苦与混乱往往具有最大的杀伤力。因为，家中的伴侣十分清楚并珍视现有关系中所拥有的幸福和信任，他们无法想象或理解不忠发生的原因。当真相大白时，毁灭性的灾难将接踵而至。

偶遇旧情人

在这里，我们要给男人们一个忠告：当有旧情人接近你的女人时，请务必警惕。近三分之一（32%）承认自己受到过性诱惑的女性表示自己曾和前男友或暗恋对象旧情复发，而相比之下男性的比例仅为 21%。出现这种情况的危险区间是婚后的 2~5 年，在此期间出轨者与旧情人旧情复燃的比例为 42%！

我们的调查结果揭示的另一警示是：旧情人对性生活和谐以及非常幸福的人同样具有吸引力。因此，假如你重视你们的关系，而对方的前任又出现了，请务必密切观察并保持警惕。对相当一部分人来说，旧情复燃的可能性永远存在。

性倦怠

> **因为倦怠而出轨？**
> 71% 的男性和 49% 的女性表示回应性诱惑是出于性倦怠。

循规蹈矩的性生活可能会促使伴侣瞒着你独自放纵！ 性倦怠是 71% 的出轨男性和 49% 的女性所给出的出轨理由。你还认为你们的关系很好，所以性倦怠没什么大不了的吗？那真是大错特错了。即便是婚姻幸福的人也承认他们通过与他人发生关系来治疗性倦怠。

生伴侣的气

愤怒是出轨的另一个引爆点，尤其是对女性而言。超过三分之一（38%）的女性表示，她们接受性诱惑是出于对伴侣的愤怒，而男性的这一比例为 26%。这些数字对不同水平的婚姻幸福感和性满意度均有影响。

我们从中得到的宝贵经验是：如果双方关系中积蓄了大量愤怒，可能会比你所想象的后果更具破坏性。有时，那些本可以保持忠诚的伴侣就会想要用性作为武器打击对方。由此产生的伤害可能会导致关系的终结，但我们也可以通过迅速化解愤怒来应对。因此，如果愤怒助长了性诱惑，请在将事情搞得一团糟之前，处理好你的愤怒。

通过社交网络调情、约定见面或出轨

我们的调查结果显示，55% 的女性和 42% 的男性认同网上调情属于不忠行为。当被问及是否有过类似经历时，只有 17% 的女性和 28% 的男性表示有过，而这些人中的大多数都不具备幸福的婚姻或稳定的恋爱关系。因此，稳固的关系是抵御网络诱惑的强大屏障。

报复伴侣的不忠行为

我们都知道仇恨不能得到他人的爱。遭受背叛的人显然也清楚这一点。仅有 9% 的男性和 14% 的女性表示，他们与他人发生性关系是为了报复伴侣的不忠。

强烈的性欲以及"我无法忍受一夫一妻制"

很多人，尤其是男性，觉得自己对性怀有极高的需求，觉得自己有权以这样或那样的方式获取性快感。不管他们在现有的关系中对性生活的满意程度是高还是低，他们都会出轨并回应道："我就是控制不住自己。"46% 的男性和 19% 的女性用这个借口来解释他们为什么会在现有关系之外发生性行为。年龄因素、关系时长、幸福感——所有变量均未对结果造成显著性影响。无论对目前的性生活有多满意，有些人就是需要新鲜感并因而选择与其他人发生性关系。有些人就是无法一心一意，这就是他们的常态。

婚外情的发生

在西方文化中，极少有人结婚时认为自己或伴侣会出现任何形式的婚外性行为。婚姻誓言通常包括"放弃其他一切诱惑"。尽管偶有性革新者出现，但绝大多数男女都将"一夫一妻制"作为个人的行为准则。"一夫一妻制"实属普遍，以至于大多数身处稳定关系的情侣即便从未讨论过，也都认为双方会在这一点上达成共识。当忠诚的准则被打破时，伴侣们首先感到措手不及，进而情绪崩溃，因为他们认为婚姻和彼此承诺的基石已被摧毁。

　　在世界上的其他一些地方，人们认为男人可以出轨，而妻子对此没有发言权。非洲的某些部落以及其他一些地区也允许女性在基本关系之外发生性行为，但不需要承担严重的后果。但在西方、东方或中东没有哪个大型社会允许女性享有此等自由；无论是过去还是现在，即便没有明令规定，大多数文化仍强调忠贞的伴侣应遵守"一夫一妻制"。在某些地区，禁止婚外性行为的标准扩大至性幻想、牵手、接吻甚至只是多看一眼。

　　也有一些不太常见的例外，例如一些实行"一妻多夫制"的小众群体——拥有两个以上长期稳定的感情伴侣或性伴侣。但世界上绝大多数夫妻更喜欢并希望他们的关系是"一夫一妻制"。但遵守这一准则却是另一回事。

在你目前的关系中：你是否曾经与其他人纠缠，并发展到婚外情的程度？

　　我们的第一反应是很多人会就这一问题给出肯定答案。媒体将婚外情普遍化或许是想利用人们的恐惧，收获更多的读者。但维持一段婚外情并不如你所想象的那么普遍。只有 15% 的人表示曾经有过外遇。这一结果低于我们的预期，虽不至于太糟，但仍称不上理想。选择背叛誓言的人具有哪些不同特征呢？

　　在以下四类宽泛的种族和民族类别中——亚洲人、非裔美国人、高加索人和拉丁美洲人之间——亚洲人出轨的可能性明显低于其他人种。虽然我们的调查数据显示，非裔美国人之间的不信任程度最高，但鉴于这一人群的出轨程度较高，他们的警惕性也算情有可原。

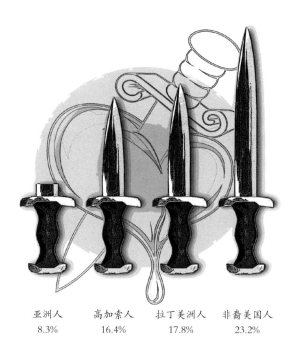

亚洲人	高加索人	拉丁美洲人	非裔美国人
8.3%	16.4%	17.8%	23.2%

在你目前的关系中：

你是否曾经与他人纠缠，并发展到婚外情的程度？

　　我们依据性别将数据重新归类后发现了显著的差异性。14% 的女性和 26% 的男性承认自己有过外遇。鉴于此前的研究已经表明男性出轨的比例要比女性高得多，且人们普遍认为女性肉体出轨或精神出轨的可能性更小，这一结果符合我们的预期。

　　耐人寻味的是，这一性别差异在 30 岁以下的受访者中并不存在。虽然男性（25%）承认发生婚外性行为的概率高于女性（18%），但是女性（12%）承认自己有过婚外情的概率却高于男性（9%）。区分点在于男性更多地将婚外关系视为婚外性行为，而女性则更多地将其描绘为婚外恋情。这一对等的统计数据折射出这样的事实：现在大多数年轻男女在婚前都拥有多个伴侣，而婚前拥有多个伴侣的人在婚后拥有婚外伴侣的概率更高。如今女性出轨率可能与男性旗鼓相当的另一个原因十分简单：假如婚外情被发现而导致关系破裂，现代女性有能力照顾好自己。女性越来越独立的经济地位给予了她们勇气与机遇去探索她们主要稳定关系之外的亲密关系。此外，互联网也孕育出各种意想不到的暧昧关系。

　　我们预测，人们对基本关系越满意，出轨的可能性越小。调查结果验证了我们的假设：在表示自己幸福和极其幸福的受访者中，仅有 10% 的受访者有过精神或肉体出轨。相比之下，在表示自己还算幸福以及不太幸福的人群中，这一比例为 24%；而在表示自己不幸福和极其不幸福的群体中，这一比例为 28%。

你曾有过婚外性行为吗？

让大多数夫妻更为不安的是，当对不忠的定义从婚外情扩大到"在基本关系之外发生性关系"时，有关不忠的反馈大幅增加。有33%的男性和19%的女性承认自己有过不忠行为。关于以上五大人群在性行为层面的不忠，我们发现13%的亚洲人、34%的墨西哥人、24%的拉丁美洲人、23%的高加索人和29%的非裔美国人均有过婚外性行为。但许多受访者强调，性出轨的频率应予以重视。在长达20年的婚姻过程中，偶尔一次出轨和有规律的婚外性关系存在巨大区别。17%的女性和23%的男性表示他们只发生过一次婚外不忠性行为；36%的女性和33%的男性表示这种情况发生过2~5次。但剩下的超过40%的不忠男女则不得不承认，他们的出轨行为是持续发生的！

在有关这一问题的所有调查结果中，唯一令人安慰的是性满意度的确能为抵御不忠提供某些程度上的保障。调查发现，在对性生活极不满意的男女中，46%的男性和35%的女性存在婚外性行为，而对性生活表示满意的群体中，仅有18%的男性和14%的女性曾经出轨。

你的伴侣知道你发生过婚外性行为吗？

在有过婚外性行为的人中，26% 的女性和 20% 的男性会向伴侣坦承自己出轨。配偶中有 12% 的女性和男性表示是自己发现对方出轨的。约有三分之二的男女（68% 的男性和 62% 的女性）表示他们的伴侣并不知晓。

如果你知道伴侣发生婚外性行为，你会作何反应？

当谈及伴侣的出轨可能性时，男性的反应比女性宽容得多。约 44% 的男性表示，他们会感到失望，但也会接受这

> 44% 的法国女性表示，如果伴侣出现婚外性行为，她们会选择结束这段关系，而仅有 30% 的男性会做出同样选择。

一事实并继续这段关系，而只有四分之一的女性会做出同样选择。28% 的女性表示，她们会选择留下，但双方的关系不可能回到从前，18% 的男性对此持相同观点。近一半（48%）的女性和 37% 的男性认为有必要结束这段关系。

在许多西方国家，这一选择似乎已成为常态。例如，法国女性也许认为她们的伴侣是伟大的情人，但她们希望与性有关的艺术气质只在家中展现。和美国女性一样，约有一半的法国女性会离开不忠的伴侣；而法国男性则与美国男性一样，较少由于对方的不忠而

结束这段关系。

女性在性行为方面可能更为保守，因为和男性相比，她们更有可能将性与情感联系等同。约有 10% 的男性告诉我们，他们曾用性服务发泄性欲，而只有不到 1% 的女性曾为类似的性服务买单。或许是男性能将性进行严格区分的因素促使他们对另一半的不忠行为更加宽容，但如果他们认为女性也会因为同样的原因发生婚外性行为，那就大错特错了。对于许多夫妻来说，性背叛的后果即便不是永久性的，也可能会持续数年。

他原谅了我（因为我痛哭流涕地忏悔），并且再也没提起过这件事。这是 18 年前的事了。

——女性，55 岁，已婚，有孩子

情况有点复杂。我的配偶不知道更不会同意我的婚外性关系。

——女性，42 岁，已婚，有孩子

尽管我们仍在一起，但生活一点也不浪漫。我们之间的信任感已消失殆尽。

——男性，54 岁，已婚，有孩子

我们找过咨询师，然后我搬了出去，再后来我们正式订婚，开始一起去教堂，一起接受"出轨是不可接受的"这一信念。我们对自己的行为负责，并一起改变，一年半以后我们最终结了婚。

——女性，27 岁，已婚，没有孩子

这对我们的关系毫无影响。她们都是应召女郎，我只有在她出城或工作时才会去见她们。

——男性，63 岁，已婚，有孩子

第一次发现时，他气疯了，甚至对我破口大骂，但他知道这仅仅是个错误。第二次真的也只是个错误，但这两次我们都挺过来了，现在一切照常发展。

——女性，未婚，没有孩子

我们经历了关系的动荡期，然后休战，但我从来没有停止过外遇。

——女性，42 岁，已婚，没有孩子

婚姻新常态建议

在安妮（Annie）和约翰（John）同居的第6年，安妮发现约翰出轨了。安妮认识那个女人，她是约翰的同事，也是两人共同的朋友。因此，这对安妮来说是双重的伤害与背叛。安妮又害怕又委屈，彻夜痛哭，甚至有好几天都无法正常工作。她想对约翰说，让他下地狱吧。但尽管生气，她还是决定试着挽救这段关系。

几个月来，安妮和约翰一直过着毫无交集的生活，两个人经常出差，很少有亲密的互动时间。事实上，他们已经让这段关系处于无人驾驶状态，而安妮也不得不承认，她也有过和其他人调情的经历，在危险的边缘试探并渴望进行更多的情感交流。因此，鉴于自己最近发生的过失，她对约翰说假如他足够爱自己，而且答应永远不再和那个女人见面，他们可以一起努力为这段关系找到出路——前提是他们需要一位双方都喜欢、信任和尊重的治疗师。约翰对此表示赞同。

约翰不曾为自身的行为感到骄傲，他知道自己并不爱那个和他发生关系的女人，也永远不可能爱她。但安妮的反应令他吃惊，因为他确信安妮已经不爱他了。他原本认为和另一个女人发生性关系只是证明他和安妮的关系走到尽头了。

在治疗过程中，他们才发现两人依然深爱着对方，但也发现双方都害怕得不到足够的爱。双方大多数的问题都源于这种简单而强烈的恐惧。经过 1 年的治疗，他们克服了恐惧和犹豫，并对彼此做出了终身的承诺。他们不仅没有分手，而且还携手步入了婚姻的殿堂。

尽管出轨并非好事，但如果双方愿意寻求并接受专业的咨询师或治疗师的帮助，出轨也可能会为进一步巩固关系提供必要的机会。挑战往往在于如何绕过痛苦和愤怒的屏障，并抵达经过深思熟虑、情感上理解和接受的下一站。在穿越萦绕于眼前的出轨事实和情绪的过程中，许多夫妻能够修复潜在的问题并逐步重建信任。

工具 42 ▶ 掉转方向

如果你觉得自己受到其他人而不是来自伴侣的吸引，那就避免增加与此人亲密交谈或接触的机会。一旦你感觉到额外的热情，就应当留心并退后一步。只要能及早刹车，大多数诱惑是能够得以妥善处理的。

工具 43 ▶ 和你的伴侣或朋友分享你的感受

通过告诉你的伴侣或朋友你受到其他人的吸引来"规避风险"（美式橄榄球术语，表示规避技巧或迂回战术，文中指规避风险）。通过其他人的帮助来约束自己，避免因为特殊的感觉而有所行动，让诱惑"公之于众",增加自己付诸行动的难度。

工具 44 ▶ 花足够的时间相处

我们的调查数据表明,一些人会在孤独或愤怒时受到蛊惑。减少这些情绪的一个方法是将更多的精力和时间投放到伴侣身上。假如你的伴侣外出旅行,尽量抽出一点时间陪他/她一起去。如果情况不允许,也应该找到正当的理由!如果是你自己外出旅行,尽量想办法带着伴侣同行。此外,把你的伴侣介绍给你暗恋的同事,不要藏着掖着!

工具 45 ▶ 给你的性生活多加几条拉链

虽然某些性满足的人仍四处猎艳,但如果家中的性生活能激发兴奋且质量高,大多数人则不再左顾右盼。试着改变千篇一律的性生活,如果现在的你正是如此,那就找点爱情书籍、电影或者一些能激发性欲的东西来为你的性生活增添情趣。假如你觉得性生活索然无味,那么你的伴侣很可能也有着同样的感受,但这是可以补救的!几次沙滩或餐桌性爱就能够创造奇迹。

第十四章

上瘾、强迫症和不良行为

"我明天就戒烟。"

你会忍受伴侣的抽烟习惯吗?

你的伴侣有哪些上瘾行为?

当对欲望的追求越来越多且仍不满足时,就说明你自身已出现了问题,而你所处的这段关系也同样出现了问题。过犹不及,这对于任何事物来说都是如此。虽然我们可能无法控制自己暴饮暴食、酗酒或抽烟的行为,但当偶尔的暴饮暴食或抽烟转变为稳定的过量模式时,累积的伤害就会对生活、健康和家庭造成损害。

成瘾行为有其生物学成因。例如,有些人天生就对毒品和酒精反应强烈,或者对赌博和寻求刺激所带来的高度亢奋反应强烈,因此,他们对某些行为的体验会引发出更多的渴求。这种渴求越是被满足,就会变得越强烈,从而导致诸如吸烟、酗酒或吸毒等不良行为。其他心理因素会与这种渴求共同作用,使得某一习惯变得无法抗拒。对成瘾者而言,无论是赌博、沉迷色情杂志、酗酒、吸毒,还是与陌生人做爱,他们的瘾已成为这世上最重要的事。

对一个瘾君子来说,无论是孩子、工作,还是爱情都无法与其疯狂的欲念相比。成瘾可能会产生思想负担、自我厌弃、孤独、职场失意以及身体上的痛苦与折磨,并能牢牢牵制住一个人,甚至碾压其卑微的痛苦感受。身边的伴侣会竭力伸出援手,他们不停地恳请、祈求甚至直接进行干预。这些努力或许有用,但若是功亏一篑,则会侵蚀婚姻关系。

假如你从未与某种真正的成瘾行为苦苦抗争过,那么你是幸运的。即便你自身没有与冲动的行为斗争的经历，你的身边很可能也有这样的人。这样的事情并不美好，但却是许多夫妻需要面对的残酷现实。

你或你的伴侣有过成瘾行为吗？

女性承认自己成瘾的比例小于男性。只有 31% 的女性承认自己

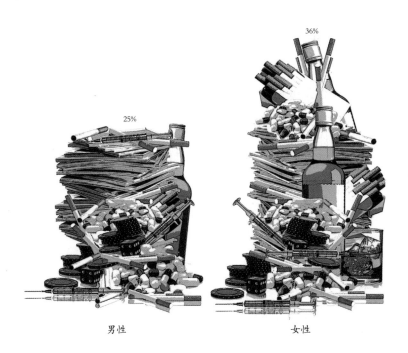

认为现在的伴侣有成瘾行为的比例

沉迷或对某事上瘾，而在我们的调查中，39% 的男性受访者——约三分之一表示他们曾经或多或少地有过沉迷或成瘾的经历。

有趣的是，当男性和女性被问及他们的伴侣是否成瘾时，这一比率发生了些许变化。被伴侣汇报有成瘾行为的男性比率为 36%，这一比率与男性的自我汇报几乎持平。然而，由伴侣报告有问题的女性比率（25%）明显低于女性的自我汇报比率。

当然，每个人对成瘾的理解不同，也许男性对成瘾的界定更为狭隘。也有可能许多人选择逃避事实。我们的调查表明：在全球范围内，有 25%~45% 的人认为伴侣有成瘾行为。正如社会学家托马斯（W. I. Thomas）所观察到的，被感知为真实的东西，其后果也是真实的。因此，我们决定深入挖掘人们所认定的成瘾行为以及这些行为对婚恋关系的影响。

男人沉迷于什么？

男性成瘾的行为：
色情杂志
酗酒
抽烟
暴饮暴食
网络
电子游戏

调查结果显示：色情杂志、酒精、烟草、网络（上网、发短信等）、暴饮暴食和电子游戏是男性最容易上瘾的东西，其排名不分先后。男性还认为言语暴力或身体虐待等不良习惯会对两性关系产生重大影响。

　　玩电子游戏以及沉迷于其他网络信息通常出现在年轻男性群体中，但在 35~45 岁的男性中也存在这一问题。年龄较大的男性（介于 45~55 岁）沉迷于色情杂志的比例高于其他年龄段男性。

女人沉迷于什么？

　　女性将无节制购物、极度的虚荣心、酗酒、抽烟和药物滥用等行为列为自己的"不良行为"，其排名不分先后。女性的成瘾行为在各个年龄层分

女性的成瘾行为：
购物
虚荣
酗酒
抽烟
药物滥用

布较为均匀，仅药物滥用这一项有所例外，这一行为多数出现在 35~44 岁年龄段的女性身上。

成瘾行为的影响

　　众所周知，成瘾行为将损害婚恋关系。但仅有 18% 的女性认为其伴侣存在严重的成瘾行为，且成瘾行为正逐渐损坏其关系。从调查数据上来看，近一半（48%）的人承认伴侣的成瘾问题使得双方关系紧张，而略超过三分之一（34%）的人表示这些成瘾问题对他

们的关系没有太大影响。男性认为伴侣的成瘾行为正逐步损害婚恋关系的比率要少得多（6%），但超过三分之一（37%）的男性认为伴侣的成瘾行为使得双方关系紧张。而超过半数的男性（58%）认为伴侣的问题对他们的关系没有太大影响。这或许是因为女性较少出现影响家庭或夫妻关系的成瘾行为，又或许是由于男性的容忍度高于女性。

真正出乎意料的是，28%的人表示自己正和有成瘾行为的人生活在一起，并感到十分幸福甚至极为幸福！为何会出现这一结果呢？

需要指出的是，在那些伴侣无成瘾行为的人中，有52%的人表示他们对自己的关系满意或极为满意。显然，成瘾会加重婚恋关系的负担。另外一种理解是，这些家庭的成瘾行为还没有发展到对身体造成重大伤害的地步。瘾君子还未被解雇、流离失所、债台高筑，没有动用身体暴力或性暴力，也还没走到抛弃家庭的阶段。在成瘾的初级阶段，许多瘾君子会表现出极大的说服力，表明成瘾行为已"得到控制"，或表示自己正在"梳理"自身行为。另一大原因可能是诸如购物、虚荣心、打游戏或其他行为虽然过度，但仍不至于像严重的药物滥用问题那样具有破坏性，至少许多人并不那么认为。

电子游戏成瘾与吸烟成瘾

谁会想到沉迷于电子游戏对一段关系的破坏力会比吸烟更甚呢？我们都知道吸烟有害健康，有些人非常强烈地反对吸烟，至少从理论上来看，他们不会容忍吸烟的伴侣。在婚恋交友网站上，一个最常见的潜在破坏约会因素就是吸烟——一方吸烟，而另一方不吸烟。但在我们的研究中，吸烟似乎对情侣的幸福感或性关系没有太大的影响，且吸烟对婚姻关系的影响根本无法与电子游戏的影响相提并论！超过半数（52%）汇报伴侣沉迷于电子游戏的人表示他们对婚恋关系不满意。为何连续几个小时玩电子游戏最终会成为婚恋关系的破坏者？一方面，不玩游戏的一方会感到疏离、寂寞、受排斥；另一方面，通宵达旦地玩游戏必定会破坏夫妻间的性亲密关系。

耽溺色情

有关色情产品的研究通常将色情产品和性唤起用品的使用者分为两类：一类是将色情产品作为娱乐并偶尔使用的人；另一类是沉迷于色情产品并将其作为性刺激主要来源的人。后者又可以再细分为三类：一类是无性爱对象者，如果他们有对象，就会将欲求转移到对象身上；另一类则是更喜欢色情产品，而不喜欢与人接触，包括他们目前的伴侣；还有一类（几乎全是男性）是需要色情产品的人，他们的癖好是现实中的伴侣无法或不会满足的。通常人们抱怨伴侣耽溺于色情产品，真正想表达的问题是伴侣对色情产品的喜爱程度高于婚恋关系，或者是对色情产品有一种永无止境的需求，长时间沉溺于此。

在我们的研究中，16% 的女性表示她们的伴侣对色情产品上瘾。这对其关系有何影响呢？多数人（62%）表示他们对现有的关系不满意，但余下的人（38%）则认为尽管伴侣沉迷于色情产品，但他们的关系仍是和谐的。显然，此处存在一条既定的界线，一旦越界就会给婚恋关系带来麻烦。一位 41 岁的妇女因为丈夫沉迷于网络色情而结束了她长达 5 年的婚姻。她向我们描述了她对这条界线的理解："有许多蛛丝马迹让我开始怀疑。我雇用了一个人，他能追踪到别人的网络浏览内容。呈现在我面前的内容让我感到恶心，甚至会产生生理不适。我不想描述我看到了什么，但多年来，他浏览的内容不仅仅是大胸女人和男人做爱那么简单。实在太恶心了！我把一切摆在他面前时，他矢口否认。但我手上握有证据！"

然而，即便是大量使用色情产品，也并不意味着所有情侣都难逃厄运。一位女士是这样解读这一问题的："我们都喜欢色情产品。我只是希望他不要过量。偶尔我也会生气，因为我觉得有我在身边他应该觉得满足了。但他总是向我保证，这只是他的幻想生活，而我是他的真实生活，两者不可混为一谈。就像当他想要幻想中的性爱时，他就去看他的电影（因为他知道我不能接受）；但当他想做爱的时候，他只想和我一起。我曾经问过他，他是否觉得自己在现实生活中缺失了什么，我不知道他是不是为了让我好过一些才那么回答，但他说什么都不缺。"

另一位女士，结婚32年，她是这样看待这一问题的："我认为这很幼稚，因此我让他把东西藏好，免得被我看见。但我不会觉得这是针对我并因此感到不安。只要他不是因为我每个月都梦见一次约翰尼·德普（Johnny Depp）而针对我就好！"

何为正常？大多数男人，尤其是一些欲望得不到满足的男人，都会使用色情产品。大多数女性，除非自己也看过，否则往往对色情产品十分反感，但也只有当这种习惯变成一种沉溺，当色情内容令人困扰时，这一问题才会对夫妻关系构成威胁。

你的伴侣是否正在竭力戒掉成瘾行为？

众所周知，成瘾行为很难戒除，而真正的成瘾者几乎会通过任何方式来避免切断他们的"毒品"供应（不管是香烟还是含有五杯马提尼的午餐）。值得注意的是，在拥有成瘾伴侣的男女中，只有一半的人表示其伴侣正在试图戒断。这给成瘾者的伴侣制造了无法应对的局面——他们相互依赖（以某种方式帮助和教唆成瘾）或自己也是成瘾者。那些既不支持成瘾行为，自身也没有成瘾行为的人，则必须眼睁睁地看着自己的伴侣沉沦下去，且很可能会破坏家庭关系和经济利益。尽管他们拥有帮扶组织（诸如匿名戒酒会和匿名尼古丁戒断会）可提供家庭支持会议和咨询服务的支持，但这并不能消除成瘾带来的所有痛苦、失望以及经济层面、情感层面的支离破碎。

我们希望受访者向我们讲述更多关于他们如何处理伴侣成瘾行为的事例，并收到了数量惊人的关于酗酒、身体/言语虐待、吸烟、吸毒和色情成瘾的故事。大多数事例都处于持续上瘾的状态。许多伴侣表示，他们一直严守秘密，不知道该从何处寻求帮助以打破这种恶性循环。有些人已经努力了一段时间，但感到非常沮丧；还有一些人最终战胜了成瘾行为。遗憾的是，这些事例的共同特征是：对于成瘾者而言，事件的转折点通常是当他们意识到伴侣即将离开，或他们即将失去家庭，抑或是他们差点因此而丢掉性命的时候。有些人提倡 12 步戒断法或其他措施帮助他们重新建立起更为健康的生活方式。

> 我丈夫一直试图控制自己对色情作品的选择。我不介意他看色情片，但我也会因为不喜欢他看的某几种类型的成人娱乐项目而和他发生口角。他通常会戒几个月，然后又复发。不管我怎么恳求，他对战争游戏的沉迷从来没有也不可能戒断。
>
> ——女性，结婚 3 年

我的配偶在与酗酒问题做斗争，酗酒是由尚未确诊的抑郁症以及滥用药物所导致的。因为失业、没有保险和愚蠢的男子气概，他无法得到医疗帮助。接二连三出现的问题正在逐步威胁我们的关系。

——女性，32岁，正式交往3年

我曾遭受过身体暴力。而现在，我每天都会遭受言语、情感和心理上的虐待。在整个婚姻过程中，我们断断续续地接受过婚姻咨询。施虐问题从未得到解决，只是表现形式不同而已。

——女性，40岁，结婚10年，有孩子

唯一有瘾的人是我自己——我抽烟25年。我选择在1月1日彻底戒掉烟瘾，并且再也没有走回头路。说实话，我这么做是为了我的另一半——她讨厌我抽烟。这是我一生中所做的最好的决定之一。

——男性，52岁，结婚7年

我嫁给了一个非常没有安全感的人。他曾几度疏远所有人，包括家人。尽管他知道自己患有躁郁症，却从不想着解决。他一直想控制自己的愤怒，最终还是控制不住。

我曾被他推搡，被他按到墙角，被他掐住脖子，被他言语
虐待。心理咨询让我能比过去更好地应对他的问题。

——女性，53 岁，结婚 20 年，有孩子

每当她指责我不忠时，就会从身体和言语上同步虐待
我。这个问题一直持续到现在。

——男性，37 岁，结婚 6 年

他吸毒成瘾毁了我们的家庭。有一天，他非常生气又
因药物过度兴奋，拿起一把斧子砍向我们的木床架，把它
劈成了碎片，因为他说我已经抱怨这个床架很多次了。

——女性，26 岁，结婚 4 年，有孩子

婚姻中的暴力虐待

抗抑郁药物、暴力和心理问题

使用选择性血清再吸收抑制剂 SSRI 或抗抑郁药物，如百优解
（Prozac）和左洛复（Zoloft），这在美国和其他地区已非常普遍，因
此有近四分之一（23%）的受访者表示，他们目前正在服用这类处

方药中的某种药物。人们服用这些药物用以治疗愤怒、偏执、焦虑以及临床诊断上的抑郁症。我们甚至听说过人们用这些药物来治疗阳痿！

我们想要了解服用这类药物是否会对婚恋关系产生影响。其中的一条线索就是：到底有多少人在服用此类药物，又有多少伴侣知道他们正在服用这类药物。这一数据在女性受访者中基本持平——24%的受访女性会服用此类药物，而23%的男性伴侣知晓这一情况。22%的男性坦承他们服用抗抑郁药物，但只有11%的女性知道她们的伴侣正在服药。

罹患精神疾病仍被人们认为是耻辱，这使得一些人难以承认——甚至只是向自己的伴侣承认——他们需要药物治疗。但事实上这些药物通常对人们的健康和婚恋关系有积极作用。我们的调查结果表明，大多数（62%）服用此类药物的人表示自己的婚姻较幸福或极为幸福，这一比例与未服用药物的人群基本相同。但不足则表现在性生活方面，因为大多数抗抑郁药都会降低男女的性欲，并有可能使人更难达到性高潮。因此，服用此类药物的人中仅有28%的人表示对性生活感到满意或非常满意，而在不服用药物的人群中，这一比例为39%。

言语及身体虐待

恩爱夫妻通常都会温柔相待，但有 21% 的女性和 17% 的男性表示，他们曾在婚恋关系中被暴力殴打或受到威胁。这些统计数据说明女性几乎和男性一样具有攻击性，但从这一数据我们无法推断出男女具有相同的战斗力。虽然女性会推搡，也会施暴，但研究表明由于男性的体型和力量较大，他们的暴力行为对女性所造成的身体损伤更为严重。男性通常会采取过当的惩罚性打击，并因此造成虐待关系中的大多数严重的伤害。

令人遗憾的是，此类惩罚和破坏行为在各类不同的家庭和各个不同的年龄层均有发生。但夫妻在一起的时间越长，暴力发生的概率则越大。在结婚一年及一年以内的受访者中，约 7% 的人表示曾经遭受过虐待行为，而相处 10 年及 10 年以上的伴侣中，有 30% 曾遭受过虐待。

这是关系创伤的特殊领域，把它归类为成瘾行为并不完全准确。但不幸的是，那些使用恶毒的言语实施言语暴力的人，或是推搡、拳打脚踢，甚至采用更严重暴力的人出现此类行为通常都是连续性的。毫无疑问，如果使用言语和身体暴力已成为家常便饭，即使关系没有破裂，最终也将对关系造成严重的损害。人们选择继续留在暴力关系中的原因众多，有的是对暴力习以为常，认为这是正常的。尤其是女性，她们通常选择留下是因为她们认为自己没有其他地方可去，或者因为她们害怕一旦自己试图离开，就会招致更为严重的虐待，甚至会因此而丧命。

关系中的暴力是不正常的。事实上，这是一种病态行为，常常与严重的成瘾有关。当毒品或酒精模糊了其中一方的理解能力，点燃了怒火与暴力，扼杀了守护和惺惺相惜的初衷，那么这段关系也就丧失了积极的能量与焦点。解决问题的答案不在于健康的那一方作何反应，而在于为另一方寻求专业治疗、咨询和康复的帮助。假如你正在阅读本书，假如你知道伴侣在滥用药物或暴力方面存在严重问题，那么请鼓起勇气，寻求你所需要的专业帮助，让你的生活和关系回归正轨。

你的伴侣具有很强的控制欲吗？

还有一种不正常的虐待关系常常会被人们所忽略：没有拳打脚踢，也没有推搡，但其中一方控制并恐吓另一方，使得被控制者无法像成年人一样自由行动。这给遭受压迫的一方带来了巨大的痛苦。在我们的受访对象中，8% 的男女表示他们的伴侣具有极强的控制欲，而在这一群体中，83% 的人表示他们在婚恋关系中感受不到幸福。

具有讽刺意味的是，控制欲强的人往往缺乏安全感。他们试图控制自己的伴侣，是因为如果不这么做，他们害怕会发生让其感到嫉妒或委屈的事。这种控制欲带有侮辱性，令人恐惧，退一步说，也不太可能激发爱意与信任。

当咨询成为婚姻日常的一部分

诸如成瘾、愤怒、暴力和精神疾病等问题并不是大多数夫妻的生活常态，也不应该成为任何人日常生活的组成部分。令人欣慰的是，在专业咨询师的帮助下，即便是身陷囹圄的个体也能重获新生，其婚恋关系也能得以修复。

挑战在于找到具备绝佳专业素养的治疗师或咨询师，以帮助你解决特定的问题。同等重要的是，双方也要对这一过程持开放性态度，并愿意真正付出努力。但愿意尝试或坚持尝试，直到他们找到适合自己的治疗师的人并不多见。如果你已经决定咨询治疗师，可以从信赖的人那里获取推荐人选，并和治疗师进行一次初步的会面，了解一下治疗师的情况，再决定是否与其继续进行下一步咨询和治疗。如果夫妻中有一方或双方都觉得不合适，那就继续寻找下一位推荐人选。

婚姻新常态建议

多琳（Doreen）和杰克（Jake）结婚 5 年。杰克既是个酒鬼，又吸毒成瘾，还对她实施言语虐待。他们有两个孩子，所有家庭成员与杰克的互动几乎都是噩梦。他的生活常态是用一连串的指责来控制多琳。在杰克眼里，无论是多琳还是孩子都做不好任何事。多琳每日如履薄冰，竭力保持太平，并保护自己的孩子免遭伤害，因为她根本无法预料杰克出现时究竟会发生什么。

多琳一次次地与杰克分手，然后再一次次地回到他身边。她的朋友们不明白她怎么能把女儿们放在杰克跟前，更不能理解她为什么选择留下。但是多琳有无数的借口来为这种模式辩解。事实上，她曾有别的情史，对方也像杰克一样，这就好像她自己对受虐上瘾了一样。

直到某一天杰克醉醺醺地回家，威胁要杀掉她和孩子们的那一刻，多琳才最终离开了他。事发当晚，她报了警。警察关押并对杰克进行犯罪登记期间，多琳带着孩子们搬了出去。为了挽救自己的自由，她搬到另一座城市，换了一份新工作，试图重新开始。

不幸的是，杰克已占据多琳的生活日常，而她并不知道该如何创造新的生活常态。她对充盈着爱意的良性关系感到陌生。不久，多琳在酒吧里遇到了另一个酒鬼罗兰（Roland）。尽管罗兰沉迷于色情产品和酒精无法自拔，但多琳还是带着两个女儿搬进了他的家。他们共同生活了很多年，多琳总是试图让他戒酒，却从未成功过。

当多琳最终离开罗兰又重新回到杰克身边时，她的朋友们觉得受够了。多年来，他们一直在质疑多琳的决定，但即使她无视他们的劝阻，他们也依旧支持着她。现在她的几个朋友开始干预此事。

他们让多琳面对事实：她对自我毁灭的婚恋关系的痴迷，就好似她所选择的那些人对酒精、色情产品或毒品的成瘾程度是一样的。

多琳的自尊心很弱，但她的朋友们提醒她，她很特别，因此值得拥有一段健康的关系。她的朋友们在她的身边支持着她，每日陪伴在她左右并帮助她远离杰克和罗兰。多琳需要大量的支持，这一次她听取了朋友们的建议，现在她懂得避开任何出现不良嗜好迹象的男人。

人们很容易让自己深陷于反复性的自我毁灭习惯而无法自拔。在成瘾行为发作的间歇或许会有一些美好时光，但那些零星的美好根本无法代替可靠的爱、善良、忠诚、尊重和自尊。假如你或你的伴侣有某种似乎无法攻克的成瘾行为或暴力行为模式，那么你需要全身心地投入精力以改变这一生活常态，并寻求顺利达成目标所需的任何帮助。

工具 46 ▶ 赋予朋友否决权

你是自身无不良嗜好，但却不断选择有明显问题配偶的人吗？如果确是如此，千万别由着自己决定下一个在你生命中具有重要意义的人。你必须承认自己的择偶能力很差，把对约会对象的选择委托给那些已被证明有更好判断力的朋友。如果你正在考虑选择某位新伴侣，或是回到原有的伴侣身边，请先咨询一下这些朋友，并接受他们的忠告。他们可以帮助你识别需要避免的警告信号以及你自身的危险漏洞。在他们的指导下，你也许会爱上那些你从未留心过的人。

工具47 ▶ 在课堂上培养自尊

这听起来或许很怪，但人们能够忍受具有成瘾行为的伴侣（或自身就有问题）的主要原因之一是他们充满了深深的自卑感。这是可以修复的，上网找找在你周边可培养自尊的课程。假如你的自我评价不高，那么为了创造新的生活常态，这就是你应该着手改变的第一件事。

工具48 ▶ 将你的成瘾本性转变为良性习惯

心理学家曾对成瘾性人格进行过描述。假设这一描述至少适用于某些成瘾者，那么其中一种策略就是用新的、具有建设性的成瘾行为取代破坏性的成瘾行为。例如，与其每天晚上一头扎进酒吧，不如去健身房；与其沉溺于烟酒之中，不如下班后花几个小时为举重比赛或健美比赛做准备。其意味着将自己身上极端的一面投入对自己有益的事情中。

工具 49 ▶ 换掉朋友和地址

有时候朋友会加重你的问题。如果你的社交生活就是喝酒，那就努力建立一个基于健康和兴趣爱好的新的社交网络，比如远足、攀岩、读书或艺术。摆脱旧习惯，养成新习惯，别让诱惑挡住你前行的道路。选择那些支持你、鼓励你、乐意在你的新生活常态中陪伴你的朋友。

第十五章

分手或离婚

A：“赫伯特！你怎么这么久才来？你知道我最讨厌等人了。”

B：“我现在选择下地狱还来得及吗？”

假如你知道下辈子还要跟自己的伴侣在一起，你会展露微笑还是会痛苦地呻吟？这个问题将"至死不渝"的誓言提升至一个全新的高度，但人们的答案依旧发人深省。受访者中有五分之四的女性和近四分之三的男性表示若能与目前的伴侣来世再聚首，他们将会非常激动。出乎意料的是，婚姻关系持续时间的长短对受访者的答案几乎没有影响。共浴爱河二十余载的夫妻很可能像新婚宴尔的人一样期盼来世也能天长地久。

天长地久
57% 婚姻不幸福的男女表示来世他们仍然愿意与配偶共度时光。

但令人震惊的是，在对自己的婚姻关系不满意的男女中，57% 的人表示他们仍然愿意与配偶生生世世在一起！安全感和亲近感是强有力的关系纽带，甚至可能强大到战胜不幸福感。但和一个让你痛苦的伴侣"永远在一起"并不是令人愉悦的想法。你一定拥有更好的选择。

忠贞的程度

一想到要和某人共度余生，可能会令你感到既欣慰又害怕。能够建立一套生活目标和共同的期望，坚信二人能在生活中互相扶持，这是值得欣慰的。但与此同时，这一承诺即将带来的巨大影响可能会令你感到恐惧。这在任何年龄段都一样！要想象某一个体的整个生命周期概貌实属不易，更不必说去想象和一个人维持一辈子伴侣关系的景象。没有人在一开始就知晓婚姻需要什么，随着伴侣的成长和改变，共同成长也将成为挑战。所有长期关系都有起有落，驾驭和探讨这些变化的意愿即是忠贞的重要组成部分。

我们想知道随着岁月的流逝，忠贞通常会如何发生变化。又或者，受访夫妻们能否透露一些保持婚姻长期幸福的秘籍？

你会冒着生命危险拯救自己的伴侣吗？

几年前，一对情侣在某个国家公园里骑车，这时一只美洲狮袭击了男方并将其扑倒。他的女友跳下车，用自行车猛烈撞击美洲狮，直到美洲狮逃离。接着，尽管她的男友受重伤，她还是把他抱上自行车，将他带回到有人烟的地方接受治疗。这名男子最终活了下来。这名女子为了救他而将自己的生死置之度外。

没有什么能比你愿意冒着生命危险去拯救自己的伴侣更直击人心、令人动容。因此，我们在调查中问道："假设你可能需要牺牲自己的性命去拯救伴侣，你愿意吗？"从调查中我们了解到78%的女性和93%的男性表示他们愿意冒着生命危险去救助自己的伴侣。这是多么高尚的婚姻！

那么如何解释男女之间的差异呢？也许更多的男性展现出骑士精神，又或者男性的保护欲是与生俱来的。也许女性的犹疑源于对被依赖者——特别是年幼子女——的关心。倘若她们英勇的尝试失败了，父母双亡，那么子女就会沦为孤儿。也可能某些女性对自己的救生技能和力量毫无信心，以至于她们觉得即便尝试了也与自杀行为无异。

真正的英雄？
93% 的男性表示即便婚姻关系不和谐，他们仍然愿意冒着生命危险为伴侣挺身而出。

此外还存在其他重要的差异性。当我们提取婚姻幸福度作为影响因子时，研究结果出现了变化。可以预见的是，极

冒着生命危险拯救爱人

度不幸福的女性不太可能为了拯救伴侣而将自己的安危置之度外。这一群体中有整整三分之一的人断然拒绝为对方冒险。然而，在婚姻关系中极度不快乐的男性中，竟有 93% 的人仍然愿意冒着生命危险去拯救自己的伴侣，这一比例与身处幸福婚姻的男性一样多！有许多关于男性更具"男子气概"的研究表明，男性普遍渴望成为英雄。纵观历史，年轻人往往为了保护那些他们根本不认识甚至不喜欢的人而奔赴战场。对男性而言，荣誉感可能比他们对被拯救者的爱恋更为重要。

你的伴侣会为了救你而将生死置之度外吗？

我们的研究数据表明，大多数人愿意为自己的伴侣而冒生命危险；但是他们是否相信伴侣也会救自己呢？尽管调查结果所显示的信任常态值依旧很高，但数据结果表明，人们对伴侣的信心大大低于对自身勇气的信心。只有 72% 的男性和 79% 的女性认为伴侣会为自己挺身而出，这一结果说明约有四分之一的人对伴侣是否会在危急时刻拯救自己心存疑虑。

但是不是这些数据才真实地反映出我们的救助能力，而非仅仅是情感承诺？　我们的后续调查发现与我们的预期正好相反。当我们只局限于性联结感极强的夫妻的调查反馈时，发现 87% 的男女认为伴侣会为了自己而跳到高速行驶的汽车面前。性联结感有助于培养伴侣间对于彼此的信心。

你会再次选择现有关系吗？

稍等片刻，假设你现在还是单身……你是愿意与现在的伴侣重头开始，还是愿意选择另一个人开始另一段关系？你可能会惊讶地发现，调查的常态值是保持忠贞不渝！在这项调查中，约四分之三的人（78% 的女性和 73% 的男性）表示，他们会对同样的人和同一段关系矢志不渝。大多数夫妻并不后悔在一起，也不会为"那个离开的人"而黯然神伤。这充分说明了大多数人具备正确选择伴侣的能力。

但不断变化的环境会对忠贞有所影响。当我们询问那些在婚姻关系中极度不快乐且对性生活不满意的人是否愿意再次做出类似选择时，的确看到数据出现大幅下跌并降至 54%——但这表明仍有近一半的人愿意继续做出同样的选择。那么，是什么让这些极度不快乐的人愿意与伴侣牢牢捆绑在一起呢？答案并不是他们的孩子。根据我们的调查数据，有孩子却不幸福的人对于伴侣的忠诚度并不会高于没有孩子的人。原因或许是希望与爱意，即便夫妻们感到不快乐且充满了挫败感，希望与爱意仍将源源不断地涌出。随着对我们调查结果的进一步审视，也许在这些深陷困境但依然浪漫的夫妻中，有些人可以步入新的生活常态，修复他们所珍视的婚姻关系。

伴侣是更爱你了，还是爱得少了？

爱情往往历久弥新。当我们聚焦于最幸福的夫妻时，发现有70% 的人相信自己的伴侣比初相遇时更爱自己，也有 25% 的人认为他们仍像最初一样相爱。

但在那些感觉不到被爱和快乐的群体中存在着令人担忧的性别差异。逾四分之一（28%）的男性表示，他们觉得对方没有刚开始恋爱时那么爱自己，而女性的这一比例为17%。我们无从知晓他们得到的爱是否真的变少了，但对于这些自视不被珍惜的人而言，其痛苦是同样真实的。

假如真爱尚存，我们可以通过本书提供的一些简单工具来免除大部分痛苦。人们需要爱恋、肯定和安慰，当感觉不到这些情感的存在时，婚恋关系就会变得痛苦不堪。

只要以细微的方式表达爱意或经常性地说出"我爱你"，往往就能改善婚姻的基调与情感的温度。倘若你正在浏览本书，也爱你的伴侣，请问问他们，自从你们坠入爱河以来，他们感受到的爱是比原来多了、少了还是不变。如果这个问题让你感到害怕，很有可能你们的关系需要更多爱的表达。

是什么导致我们分手?

当爱已成往事,一个不可避免的问题就随之而生:是时候分手了吗? 美国的离婚率向我们揭示,约有 50% 的已婚夫妻会在某一时刻挣脱婚姻的枷锁。但正如任何一个曾经这样做的人所深知的那样,分手是艰难的,这也正是有那么多人愿意撒谎、欺骗、忍受痛苦以避免分手的原因。我们的调查结果证实,有四分之一的伴侣身处"不快乐"到"极不快乐"的区间,但他们仍年复一年地继续生活在一起,并告诉自己,"这是我所能得到的最好结果"或"婚姻本就如此"。这些人本可以过得比现在幸福,因为即使是一段了无生趣或令人失望的关系也能够得以改善——并比原来要好得多。

幸福不仅仅取决于运气,也需要有创造幸福的意愿与细心呵护。我们的调查表明,幸福的夫妻彼此滋养,善于交流,并保持情感与性生活的双重亲密。诚然,有时候关系变得艰难,需要付出努力,但是努力总有回报! 即便是最细微的行为和言语,只要能增进和保持亲密关系,也能扭转一段关系。但双方都需要有创造或恢复幸福的意愿,并愿意将时间和精力转向取悦和理解对方。当一方或双方都拒绝参与到修复关系的过程中,分手似乎是重建新的、更好的生活常态的唯一出路。

谁更多地想到分手，是男人还是女人？

　　出现分手的想法是正常的。在这一问题上，男女之间不存在性别差异：在考虑放弃现有关系方面，男女的调查结果基本持平。超过三分之一的人表示他们一直或经常考虑分手，另有 33% 的人表示"偶尔有过这样的念头"。只有 12% 的人表示他们从未想过，而另有 20% 的人表示他们极少考虑这一问题。

　　正如我们所预料的那样，这一比例在不幸福的夫妻中甚至更高。他们中有 87% 的人打算离开现有关系。但即使是极度幸福的伴侣，也有 34% 的人时不时要考虑分手。正常的婚姻关系总是有亏有盈。

"我该何去何从？"

媒体是否影响了你对现有关系的感受，让你更认真地考虑离开?

媒体的力量远超我们的想象。媒体塑造了我们对于自我，对于产品，对于爱情、性和婚姻关系的看法。尽管我们中的大多数都明白大众媒体时常歪曲婚姻关系的常规标准，但我们仍会受到耳濡目染的影响。媒体美化浪漫，在浪漫喜剧中呈现我们内心期待的幸福结局，与此同时夸大负面关系。如果你相信自己在影视作品中的所见所闻，你就会认为三分之一的女性会被她们的男朋友或丈夫谋杀；认为人们一见钟情并最后走在一起的都是命运的安排；认为每对夫妻中必有一方会受到对方挚友的魅惑。即使是所谓的真人秀节目，也有意歪曲现实。它们要么将镜头聚焦在真正有性功能障碍的夫妻身上，要么则聚焦在那些漂亮得令人难以置信的夫妻身上。如果我们相信自己所看到的这一切，最终我们自己的日常决策也将被扭曲，这或许是因为我们需要媒体告诉我们其他人都是这么做的（尽管事实并非如此），又或许是因为相比电视里糟糕而又古怪的婚姻关系，我们的生活似乎会比他们的要好得多。真正的问题往往不像我们在屏幕上看到的那么戏剧化，但这并不意味着我们可以无视这些问题。

鉴于目前大量的研究都聚焦于媒体对人际关系的影响，我们决定探讨媒体的影响是否会严重到促使人们认真考虑分手。超过三分之一的人——37% 的女性和 36% 的男性——表示这对他们的影响极大！这一调查结果令人担忧。当人们把现实生活中的重大决定建立在高于生活的银幕爱情的虚幻基础之上时，就有可能犯下可怕的错误。没有谁

> **致命的干扰**
>
> 超过三分之一的男女犹记得他们在看电视或看电影时所受到的巨大影响，以至于他们曾考虑过分手！

的婚姻关系能与好莱坞电影所缔造的精彩时刻相媲美——充盈着爱慕、性和激动的精彩时刻——更不可能每时每刻都是如此。

如果你已打算离开对方，你最担心的是什么？

最让大多数男女担心的一种情况是某天他们也许会后悔。当我们问及是什么让他们止步不前时，37% 的女性和 27% 的男性表示他们害怕一生都将在后悔中度过。这些人明白任何人都无法预测未来。在大多数情况下，离开的决定是无法撤销的。

第二种最为普遍的分手担忧则是害怕伤害对方。这正是 18% 的男性和 12% 的女性所给出的不敢离开的理由。

第三种担忧则是离开就意味着今后将孤苦伶仃。有 11% 的男性和 14% 的女性提到了这一层面的忧虑。

出乎我们意料的是孩子和金钱并没有排在分手焦虑的前三位。由于目前很多女性的收入足以养活自己，金钱可能已不再是紧要问题，但鉴于夫妻"为了孩子而待在一起"的刻板印象（这一点往往

得到历史的证实），对孩子问题关注的缺失实属令人惊讶。或许生活的准则正在潜移默化地发生变化，因为人们认为孩子更希望父母都能获得属于自己的幸福，而不是处于一段麻烦不断、令人沮丧的婚姻之中。

最近，社会学家们就离婚对儿童幸福的影响展开了激烈的争论。梅维斯·海瑟灵顿（Mavis Hetherington）等受人尊敬的研究者发现，结束一段充满冲突的婚姻对孩子更有好处，而琳达·威特（Linda Waite）等人则持反对意见。这些专家担心，离婚会使家庭陷入更为窘迫的境地，那么势必会对孩子造成影响；此外，离婚时孩子所处的年龄也会造成影响的显著性差异。例如，在孩子年幼时，大多数母亲外出工作的能力较低，经济上难以独立。同样的，青春期的孩子充满了骚动和不安，因此有些父母不想让孩子在背负情感负担的同时再增添父母离异的负担。但是，声援为了孩子而选择离婚的观点，似乎与为了孩子而维系一段糟糕婚姻的观点一样多，甚至更多。但遗憾的是，并不是所有人都能在忍无可忍之时做出理性的决定。

婚姻关系紧张的诱因有哪些？

美国战后婴儿潮一代可能是明确地知道压力的杀伤力究竟有多大的第一代人。我们中的大多数人都能意识到紧张的氛围会对我们的身体、思想和婚姻关系造成损害。在结束一天的繁忙工作回到家后，如果还要面对各种危机、愤怒、指责、痛苦和负面情绪的轰炸，这对任何人而言都将难以忍受。这种周而复始的模式将会对家庭中的每一个成员造成伤害。压力最终会把夫妻推向分手的边缘。

　　虽然金钱、生活方式和孩子的抚养问题都很重要，但当我们让人们说出导致关系紧张的元凶时，24% 的女性认为是沟通，23% 的男性表示是情感联结。

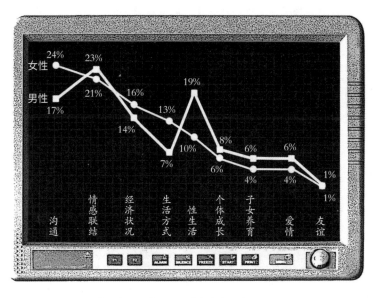

注：由于四舍五入，比率之和不为 100%。

婚姻关系紧张的元凶

因此，为了缓和紧张局面，夫妻们必须能够畅所欲言，提升情感亲密度和性亲密度。亲密的联结就好似婚姻的缓冲带，使得伴侣们能够经受住生活的打击，经受住长期婚姻生活中难以避免的误解和失望。脱离了这两种力量的源泉，关系紧张值可能将达到顶峰，危及夫妻双方的身体健康、婚姻健康以及家庭健康。

你曾考虑过分手吗?

鉴于有时单纯的承诺就能让人们度过婚姻的沮丧期，进而步入幸福期，当我们问出"想想目前的关系，你认为你们会永远在一起还是会分手"的问题时，71% 的女性和 72% 的男性坚定地告诉我们，他们永远不会和现在的伴侣分手。但对于近三分之一的受访者而言，

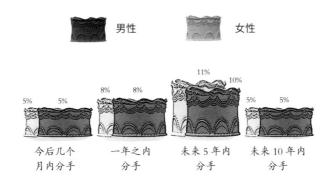

男性和女性的忠贞程度

主张永远不分手的男女比例

前景并非如此美好。有相当一部分的人似乎只能再"坚持"5~10年，而在所有受访对象中，约有30%的人想要分手，但这只代表了那些清楚自己的婚姻岌岌可危或终将结束的人。那些回答"永远在一起"的人，也可能遇上一个正在寻找婚姻出口的伴侣。

你是什么时候知道该分手了?

想要离开是一回事,但是告诉对方婚姻已经结束了则是另一回事。如果这段关系存在情感或身体上的暴力行为,那么离开可能是在一次激烈的争吵或多次摔门而去后所做的决定。但如果一段关系举步维艰,却只有一方真正痛苦到想要出走,那么我们很难分辨什么才是压垮婚姻的最后一根稻草,更不要说想要解释清楚这一诱因。这就是为什么人们也许知道爱情早已不复存在却不愿提出分手的原因。

> **引爆点**
> 当分手比选择留下更轻松时,你就会明白你已经准备好离开这段感情了。

尽管分手在旁观者看来可能显得十分突然和无法理解,但我们的调查数据表明,大多数已走到婚姻终点的人都在为是否离开而自我折磨,他们共同生活的时间比理应在一起的时间要长得多。即便有一方确信离开才是正确的选择,付诸行动仍然需要毅力和勇气。对于被留下的人而言,他们的反应可能是解脱,也有可能陷入难以估量的巨大痛苦。对于所有牵涉其中的人,后果都将极为严重,因而离开的一方必须确定这段关系确已无法挽回。一个关键的分手信号是你最终意识到离开远比留下更轻松。以下是其他一些分手信号:

我们大吵了一架，丈夫试图把我从高速行驶的车里扔出去，之后我就离开了他。

　　　　　　——女性，41岁，结婚11年，有孩子

她对我说她觉得还有更好的人在等着她。一听到这句话，我就知道我们结束了。

　　　　　　——男性，44岁，结婚15年，有孩子

我之所以离开他是因为我注意到他已不再爱我了。

　　　　　　——女性，34岁，正式交往6年

她和一个素昧平生的人在网上交往了一年多，而我再也不能说服自己信任她了。

　　　　　　—— 男性，38岁，结婚6年

当丈夫醉驾还把孩子带上车时，我知道自己已经受够了。

　　　　　　——女性，43岁，结婚16年

你曾找专业人士（例如心理医生、婚姻治疗师等）做过婚姻咨询吗？

当人们陷入一段令人困扰的关系（或刚刚熬过一段令人困扰的关系）时，许多人会寻求专业帮助。我们想知道受访夫妻中有多少人接受过婚姻咨询，如果接受过咨询，结果是否有所不同。在我们的研究中，超过三分之一（39%）的人表示他们接受过婚姻咨询。不幸的是，他们对这类专业帮助的反馈与著名临床研究员尼尔·雅各布森（Neil Jacobson）的研究发现完全吻合：他发现婚姻咨询是一个好坏参半的过程。在寻求心理咨询的人中，超过半数（54%）的人表示心理咨询并未改善其婚姻关系，而39%的人认为婚姻咨询有所帮助，另外7%的人表示婚姻咨询实际上让事态变得更为糟糕。

实际上，并不是所有的咨询师都具备同等的天赋或接受过同等的训练以应对每一种情况。关键在于，你要找到一位擅长解决你的婚姻中所面临的具体问题的专业人士。要在问题的萌芽阶段就接受咨询，而不是把事态拖延到无法解决的地步。所有的婚姻都会经历困难时期，当事态变得异常艰难时，专业人士的洞察力和支持会让一切变得有所不同。但令人遗憾的是，有些人把婚姻咨询看作婚姻的退出策略并拒绝尝试。

婚姻新常态建议

文森特（Vincent）和罗莎莉（Rosalie）已经结婚25年了，其中只有头几年算得上诗情画意。罗莎莉是一个忙碌而成功的职业女性，有着严格的生活准则，并且将这些准则延伸至文森特身上。文森特竭力地讨好她，但也深知自己达不到她的期望。例如，她觉得每一次做爱都应该充满激情并有所创新。她觉得文森特挣的钱应该和她一样多，经常指责他没有充分发挥自己的潜力。她还常常因为文森特没有保持和她一样的好体形而懊恼。这种持续而密集的批评让文森特充满抵抗情绪，也让他十分生气。有时他会使用言语暴力、扔东西，甚至威胁要分手。几天后，他会道歉，但罗莎莉却心存怨恨。他们需要很长一段时间才会和好，但即使他们真的回归了"正常"状态，没过多久争端又会再次爆发。

最后罗莎莉说："如果你再以这种方式和我说话，我们就分手。"这让文森特老实了一段时间，但仅仅意识到自己无法控制愤怒情绪仍不足以解决这一问题，更无法解决其他的潜在问题。在他又一次受到指责并爆发后，罗莎莉搬了出去。她在哥哥家住了一个星期才接文森特的电话。要不是为了两个上高中的孩子，她根本不想和他搭话。

双方都知道婚姻关系岌岌可危。他们共同生活了二十几年，但这并不能成为继续维持婚姻的充分理由。事实上，他们都曾单独找过婚姻治疗师，这些人建议他们离婚。最终，也是作为最后一搏，二人同意试试夫妻疗法。

新的治疗师说服罗莎莉和文森特重新审视他们各自激起对方愤怒和痛苦的方式。一旦他们明白了自己是如何蚕食对方自尊的，他们就能改变自己的行为，开始修补现已支离破碎的情感安全网。他们也将有机会找回婚姻中极为珍贵的部分。

在心理治疗的帮助下，文森特意识到他对愤怒情绪管理不善的问题很大程度上来自于童年时期的情绪习得。罗莎莉也意识到她的无心之举对文森特是多么残忍。他们学会了一旦有一方做出使他们濒临离婚边缘的举动，就要向彼此发出"警示信号"。他们重新开始约会，一起做更多快乐的事，重温恋爱初期的新鲜感。这些举动使得他们再次坠入爱河。当文森特不再受到贬损，当罗莎莉的心声有人倾听，当他们不再损坏婚姻中的爱与安全感，他们对彼此的承诺以及对婚姻的承诺也就得以重续。

工具 50 ▶ 帮助对方获得更多的安全感

即使是看上去充满自信、长期生活在一起的伴侣，也会对自己被爱的程度感到不安。最轻微的不安全感也有可能破坏原本健康的关系。一旦人们认为自己不受重视、显得多余或不被需要，他们就会开始寻找掩护。当伴侣觉得自己不被宠爱，或是离分手只差一场糟糕的争吵时，也许就会开始寻找另外一个人，一个不会让他们觉得自己被忽略和被排斥的人。

因此，请每日练习多给予对方一些安慰，做一些细微却有意义的事来表明你的决心，开一些充满爱意的玩笑，说说如果你们永远在一起，将会是何等景象。同时也让伴侣知道，无论何时何地，他们的来电都是受欢迎的。

永远活在当下！当你和伴侣相处时，请全身心投入其中。这听起来简单，但真正做到的人少之又少。用善意与爱化解不安，而不是变得愤怒、刻薄或防备。如果你能让对方感到更为放松、更有安全感，婚姻关系将更为融洽。

工具51 ▶ 将承诺付诸行动

言语虽然动听，但行动更胜一筹。一个表达爱和承诺的大动作胜过千言万语的小安慰。你可以举办一场惊喜的生日派对，或者制作一个视频展示婚姻从最初到现在的样子。你也可以计划一趟对方一直想要的旅行。你还可以为伴侣制作一本生活剪贴簿，或者以对方的兴趣为主，一起报名参加某门课程。你所得到的回报将不仅是感激，还会是浓烈的爱。

工具 52 ▶ 如果难以兑现承诺——接受专业帮助

如果你发觉婚姻中持续出现不满的信号，请着手寻求帮助。假如你的伴侣拒绝规划未来的生活或不愿意在夫妻相处上投入足够的时间，假如你们之间的互动大不如前，那么是时候寻求专业的建议与指导了。假如你觉得爱情正在减退，或者作为夫妻的联结感非但没有增强，反而减弱了，请不要等到爱情来不及复苏的那一刻再做决定。即使你仍然对这段感情感觉良好，只是觉得不似往昔那么浓烈，也可以考虑参加某个婚姻质量提升小组或夫妻工作坊。几乎每个教堂或宗教团体都会提供改善夫妻关系的项目，许多独立的心理咨询师和治疗师也有既有趣又富有建设性的应对方法。

第十六章

婚姻的选择权其实在你手中

"亲爱的，看见了吗？我说过我们可以比现在过得更幸福！幸福是真实存在的。"

婚姻幸福的概率是 74%

拥有一段美满的婚姻与中彩票还是有所不同的。在婚姻博弈中，机会不仅对你有利，而且完全掌握在你的手中。生活的常态完全由你来选择，幸福与否也完全取决于你。

正如我们的调查数据显示，振奋人心的是大多数人都找到了通往幸福的相处之道，而修复一段不健康的关系也并非我们所想象的那么艰难。当我们让人们为婚姻的幸福指数评级时，74% 的人表示幸福！这一结果表明，幸福是夫妻生活的常态。此外，男性和女性的幸福指数大致相同。我们发现 14% 的女性和相同比例的男性表示他们极其幸福；26% 的女性和 25% 的男性表示自己非常幸福；34% 的女性和 35% 的男性表示在婚姻中还算幸福。

真正的生活常态
真正的常态就是大多数人都在婚态关系中感到幸福。

那么，为什么我们还听到那么多有关 26% 的不幸夫妻的故事呢？新闻以及其他媒体或朋友之间时常流传着关于配偶虐待、出轨或离婚的故事。你最后一次读到幸福夫妻越过越好是什么时候？我们也很少关注那些在一起开怀大笑的夫妻，那些互诉衷肠的夫妻，以及那些找到新方法来保持性爱火花的夫妻。现实就是，唯有矛盾才能缔造精彩故事，一方面是因为我们受到他人的支配而仅仅关注冲突；另一方面则因为我们享受自己能解决所有问题的假象——即便这些问题只是出现在素昧平生的人身上。此外，人们普遍认为，我们尚未破裂的婚姻无须修复，因此我们的雷达从不监测幸福婚姻，我们的天线只用于接收危险的信号。而真正的问题就在于假如我们只关注消极的一面，我们往往会忽视自己婚姻中积极的常态。

我们请受访者从 7 个选项中选择他们认为自己最大程度的幸福源泉，假如他们的目标选项没有出现在列表中，也可以选择"其他"。调查结果发现，所有国家的受访者均把互相关爱的婚姻关系列

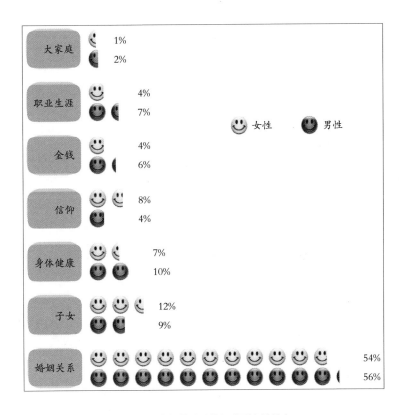

对你而言，幸福最重要的组成因素是什么？

为最重要的幸福源泉。金钱和职业成功的重要性根本无法与之相提并论。

超过半数的女性（54%）和男性（56%）表示，幸福取决于婚姻关系。被远远排在第二位的幸福源泉是子女（12% 的女性和 9% 的男性选择）。健康位列第三，分别有 7% 的女性和 10% 的男性选择。

以下是受访者们对于幸福的评价：

> 随着年龄的增长，我有了更强的自我意识，我终于明白真正的幸福并不是源于外物或外在条件，而来自人的内心。
>
> ——女性，48 岁，未婚，没有孩子

> 我对生活的自我掌控感可能是我幸福的首要因素。
>
> ——女性，27 岁，未婚，没有孩子

> 我现在的幸福几乎完全取决于男友教给我的人生道理。他教会了我如何去爱，如何重新去感受爱。但最重要的是，他教会了我如何悦纳自己。
>
> ——女性，未婚，没有孩子

　　我是世上最幸福的人，因为我和丈夫、13 个孩子以

及 19 个孙子孙女的关系一直都很好。

——女性，71 岁，已婚，有孩子

　　只要一想到自己是自我幸福的主宰者，就能让我精神

抖擞地为获取幸福而奋斗。

——男性，48 岁，结婚 18 年，有孩子

　　许多受访者还表示，假如将自己的幸福交予他人，那么注定是要经受失望的。由于这样的观点似乎与咨询师的传统

> **先决条件**
> 在方程式中去掉孩子的因素后，73% 的女性表示她们会把自己的幸福放在首位。

建议（和谐婚姻的秘诀在于将伴侣的幸福置于自我幸福之上）背道而驰。因此，我们想知道，自我牺牲的伴侣，即那些努力取悦他人的伴侣，是比其他人过得更幸福，还是更不幸。

　　首先，我们让受访者决定自己或对方是否愿意为了另一方的幸福而牺牲自己。研究结果表明，当有了孩子之后，男女都愿意将自己的幸福置之度外以便成就更大的幸福。但如果我们剔除孩子的因素，73% 的女性表示会把自己的幸福置于伴侣的幸福之上。相比之下，较小比例的无子女男性（54%）表示他们会先照顾好自己。这表示仍然有超过半数的人将自己的幸福置于首位。

其次，在比较人们的幸福程度时，我们发现大多数人表示首先为自己着想的人最终都会遭遇婚姻问题。但同时我们也发现过度自我牺牲的人，其婚姻也终将失败。如果你只关心伴侣，却从不为自己着想，同样也会造成与只为自己着想相同的关系失衡。

最幸福的夫妻告诉我们，在做重要决定时每个人都有一半的时间占据主导地位。这些夫妻还表示，他们努力寻找一个双方都满意的结果，并在必要时做出妥协。这似乎就是婚姻幸福的首要秘诀：随着时间的推移、频繁的妥协，在付出与获得、让步与胜利之间保持平衡。假如你一直在婚姻中唯唯诺诺以维持相安无事，那么请将这句话作为重要的启示来领会。

我们是如何展望一段幸福的常态化婚姻的呢？为了弄清楚"常态化婚姻"的概念是否有所变化，我们提出六个"常态化婚姻"类别，询问受访者哪一个类别与他们对自己婚姻的态度最为贴切，然后分析哪一个类别与总体幸福感和性满意度的相关性最高。

六大"常态化婚姻"类别分别如下：

传统型：秉持传统的价值观念，相信忠诚和无条件的爱。

理想型：认为理想的婚姻是与自己脑海中创造的理想伴侣共同生活。理想型的人在遇到或约会不符合自己理想形象的人时，往往会吹毛求疵。

独立型：有自己的时间安排，一个人时也可以非常舒适。独立型的人不会将找个伴来照顾自己作为人生使命，但他们也绝对欢迎合适的好伴侣。

犹疑型：不确定自己究竟想要什么。有时他们很清楚自己需要什么。可一旦这种感觉出现了，他们又将转向完全不同的事物。

自我牺牲型：往往调用所有精力投入婚姻关系中去。他们用高标准将自己置于"照料者"的角色中，有时他们是完全无私的。但在其他一些情况下，他们也会讨厌扮演主要或唯一"付出者"的角色。如果自我牺牲者委身于操纵欲强或忘恩负义的伴侣，他们终将陷入一段非常不健康的关系。

另类型：不由他人来裁决什么是可以接受的，什么是不可以接受的。由于不受传统的约束，他们会逐渐形成自己的婚姻认知且不介意这种认知是否违背现有的模式和准则。

请记住，我们的问题是目前哪一类型最能描述个人当下的婚姻态度。这是因为我们发现，大多数人的常态标准都会随着时间和环境的改变而发生变化（比如，收入的减少或增加，或是孩子数量的变化）。举个例子：当下的你可能是传统型，但如果随后离婚，你可能会修正自己对婚姻的最初感受，而声称自己是另类型。所有人都有权保留改变想法与生活风格的权利。

你认为哪一类别最为贴切地描述了美国当前的夫妻类型？美国最为普遍的仍然是传统型！约39%的受访者（38%的女性和43%的男性）认为忠诚与无条件的爱缔结常态化的幸福婚姻。

但独立型夫妻也不甘示弱！约四分之一的受访者（27% 的女性和 22% 的男性）认为拥有一段正常的婚姻关系是极为重要且令人愉悦的，但并不一定非终生承诺不可。排在第三位的是犹疑型（17% 的女性和 12% 的男性），再次是理想型（9% 的女性和 12% 的男性）和自我牺牲型（7% 的女性和 9% 的男性）。比例最小的是另类型，仅有 3% 的女性和 2% 的男性秉持这种观点。

就这些类型来看，你认为哪些人最有可能获得幸福婚姻？如果你的猜测是传统型，那么你猜对了。80% 的传统型婚姻表示自己与伴侣相处融洽，而相较之下，独立型的这一比例为 67%。

婚姻类型与性满意度又是如何匹配的？47% 的传统型人士对性生活表示满意，这一比例依然高于榜首。而另类型则以 41% 的比例紧随其后，悄悄攀升至第二位。另类型的婚姻关系也许不是最幸福的，但这似乎并不妨碍他们拥有极其令人满意的性生活。这一结果表明敢于尝试与性快感可能有所关联。

那么世界上的其他国家又存在哪些婚姻模态呢？在我们调查的所有国家中，传统型仍然位列前茅，并且在国际范围内，传统型夫妻也是幸福感最高的夫妻。这是合情合理的。这些人恪守承诺，坚定地履行忠贞的信念并付诸实践。他们崇尚爱情、忠诚与婚姻。

身处媒体与公众对长期婚姻的普遍忧虑之中，令我们感到惊讶的是处于不同婚姻关系中的人们依然将自己的婚姻观描述为传统型，至少就个人的美好愿景而言的确如此。

六种常态化婚姻类别

有人说，生活是一项未完
待续的工程，永远不可能十全
十美。其中一个原因在于每个
人都有自己的完美愿景，就像

> **让新的规范常态化**
> 假如伴侣做了什么让你高兴的事
> 时，请说出："我希望它成为我们
> 的婚姻新常态。"

每个人都有自己的准则一样。此外，随着时间的推移，所有的关系
都在发展，所有的人都在改变，所有的夫妻都可能变得越来越亲密
或越来越疏远。全球的高离婚率证明，在漫长的岁月中维持幸福的
婚姻并非易事，也并非所有人都能修正成果。但正如我们的调查所
证实的那样，困难并不意味着幸福婚姻不同寻常，更不是遥不可及。

我们的研究已表明，夫妻们可能会做出不明智的选择（甚至剥
夺彼此需要和渴望的爱），却仍然支持爱和承诺。我们并不完美，也
会染上恶习，但我们中的大多数人依然能为伴侣所深深吸引并信守
承诺。

婚姻并没有那么复杂！在全球范围内，那些使得婚姻关系出现
巨大差异的因素源自一张简短却令人辛酸的表。夫妻需要把彼此放
在首位；他们需要营造爱，付出爱，并善于倾听和交流，能够与伴
侣开心地相处，浪漫地陪伴，并彼此尊重。夫妻之间需要相互扶持，
依靠交流而非猜忌，从而减少对伴侣需求的揣测。我们很容易误解
对方的意图和想法。但在一系列工具的帮助下，我们也能轻而易举

地创造出更自觉、更亲密、更令彼此满意的婚姻新常态。

希望本书已为你带来崭新的见解，提供联结彼此的积极方式。看到自己的生活常态走上通往幸福的道路，你或许会感到宽慰和自豪。但假如你觉得自己的生活处于失衡状态，不能给彼此带来所需的幸福和快乐，那么请注意，即使是细微的调整也能给你们的关系创造更多的爱和理解。每当对方做了让你感到快乐的事，而且你认定这对双方都有好处时，请告诉对方这就是你想要的生活新常态。

最后，仅仅是和伴侣讨论本书所涉及的研究数据就可以激发出对某些难以启齿的话题进行交流的火花。当双方共同讨论我们的研究结果时，你们会比以往任何时候都更了解自己的伴侣和婚姻关系。但是请记住，你的大部分需求——或许是全部需求——都可以通过互相展望双方真实且切合实际的生活常态而得以实现，然后共同努力让这个新的现实变得鲜活起来。你想与谁共度一生的终极选择完全掌握在自己的手中。

致　谢

来自克里桑娜·诺斯鲁普的致谢

如果没有我的丈夫马克（Mark）无尽的爱和支持，《幸福婚姻的秘密：人类的情感常态调查》的构思与出版将不可能实现。亲爱的，感谢你照看孩子，料理家务，让我有机会追逐属于我的梦想。一路走来，你一直都是我的守护天使。如果没有你，我不可能成就这一切。

感谢我的孩子，杰克（Jake）、谢尔比（Shelby）和卢克（Luke）。感谢你们坐在我身边数小时，陪伴我写作。感谢你们在我明知自己离完稿还差十万八千里，嘴上却说"差不多快完成了"的时候，没有给我增加负担。

史黛西·德阿吉亚尔（Stacy D'Aguiar），感谢你将我所有的梦想都变为现实！

感谢约瑟夫·卡斯塔诺拉（Joseph Castagnola），他始终支持我的创作热情，日复一日地听我胡言乱语。

感谢艾丽萨·埃斯帕扎（Elisa Esparza），她总是设身处地为我着想并接手我的日常工作，从而减轻了我的压力。

感谢我亲爱的朋友克里斯汀·格雷斯比（Kristine Grigsby），她是我的高效率编辑和顾问。

感谢格伦·鲍蒂斯塔（Glenn Bautista），谢谢你不止一次地拯救我。假如没有你，我真的不知道该怎么办。

感谢我们的代理海伦·齐默尔曼（Helen Zimmermann），从我向她提出创作此书的那一刻起，她就没有放弃过我。

来自佩珀·施瓦茨的致谢

我要感谢弗雷德·凯兹伯格（Fred Kaseburg）以及我的孩子库柏（Cooper）和赖德（Ryder），感谢他们对我的支持。

来自詹姆斯·维特的致谢

感谢科妮（Connie）、乔尼（Jonny）、维多利亚（Victoria）、亚伦（Aaron）和海蒂（Heidi）。我们对彼此的爱就是良好的生活常态。

来自全体作者的致谢

感谢我们的编辑里克·霍根（Rick Horgan），感谢我们的出版方蒂娜·康斯坦布尔（Tina Constable），谢谢你们给予我们此次机会并促成了这一切。

特别感谢 OnQ 动态网络调查生成工具的共同开发者罗伊·帕格斯（Roy Pargas）。假如没有罗伊的协助，我们不可能收集到本书赖以支撑的调查数据。

非常感谢佩奇·诺斯鲁普（Peggy Northrup）以及她的《读者文摘》（*Reader's Digest*）团队——我们永远感谢你们一如既往的支持。

感谢我们的其他媒体合作伙伴——《赫芬顿邮报》（*Huffington Post*）、美国在线（AOL）和美国退休人员协会（AARP）——我们通过这些媒体所收集到的数据完全超乎我们的想象。

感谢所有帮助我们最终获得成功的人，无论是直接给予支持还是答应与我们合作的人：阿里安娜·赫芬顿（Arianna Huffington）、萨拉·威尔逊（Sara Wilson）、维萝·培（Willow Bay）、珍妮弗·巴雷特（Jennifer Barrett）、玛丽·希基（Mary Hickey）、贝思·多明戈（Beth Domingo）、赖默·莫伊莎（Raimo Moysa）、凯勒·菲尔特（Keller Felt）、梅根·贝克（Megan Baker）、芭芭拉·奥戴尔（Barbara O'Dair）、赛斯·格罗斯曼（Seth Grossman）、洛娜·戴维斯（Lorna Davis）、德柏·克丽缇（Deb Colitti）、英格丽·昂

纳（Ingrid Arna）、杨洋（Yang Yang）、琳达·斯文特森（Linda Sivertsen）以及阿丽亚娜·德邦沃伊欣（Ariane de Bonvoisin）。

最后，感谢全世界成千上万的人参与我们的调查，并与我们分享了他们私密的亲身经历。此书即是对你们的回馈，但愿你们会喜欢！

附　录

研究方法论：

《幸福婚姻的秘密：人类的情感常态调查》问卷调查

《幸福婚姻的秘密：人类的情感常态调查》（以下简称《幸福婚姻的秘密》）所用的数据均源自一项专门为本项目所编制的基于互联网支持的交互式调查量表。《读者文摘》（*Reader's Digest*）、《赫芬顿邮报》（*Huffington Post*）、美国在线（AOL）和美国退休人员协会（AARP）等合作媒体最初使用英语发起本项调查，随后该调查被翻译成汉语、匈牙利语和西班牙语。项目研究初期，全球超过 7 万人提供了数据；截至该书完稿，受访者总数预计远超 10 万人次。

当然，人们对该调查的热烈反应在一定程度上归功于研究主题。关于什么是生活常态以及我们每个人如何与他人进行比较的话题具备固有的趣味性，尤其是当这些问题集中在婚恋关系上时，这就为个体提供了参与其中的动力。

但本项调查广受欢迎也源自其内在的技术性细节。如果你还未参与调查且有意愿参加，可输入网址 www.thenormalbar.com 并在网站上找到该问卷。正如原先的卡通插画所展示的那样，我们的调查设计幽默风趣，包含多个不同的子话题。奇特的是，本调查通过向受访者提供观察其他人如何作答相同问题的方式，从而让受访者保持专注并持续答题。在问卷的末尾，受访者可以了解到自己的回答是如何构建出个体完整思想体系的概貌的。

或许最为重要的是，用于开发《幸福婚姻的秘密》网络调查的 OnQ 技术（动态网络调查生成工具）允许调查沿着专为每个受访者量身定制的不同路径进行。比如，假如某一个体表示曾有过出轨行为，那么我们将询问与该话题相关的细节内容。如果此人不曾出轨，那么与该话题相关的其他问题就不会出现。

除了要求每个人回答一整套核心问题外，我们还将婚姻关系话题分成 16 个调查子项，然后为身处关系内外的人创建两组并行主题模块。在完成核心问题调查后，人们可以选择自己想要回答的模块，话题的范围从情感与浪漫过渡到家庭、健康、金钱与性，不一而足。一旦用户完成了既定模块，就有机会立即或稍后通过个性化链接完成另一模块。**达成这种痴迷的秘诀在于：如果个体在选择待解决问题时感到自己发挥了积极作用，那么他们就更有可能完成历时较长的问卷调查。**

研究样本

本书的多数读者都熟悉抽样调查的概念（例如，我们在媒体上看到的调查结果通常是基于 1000 人样本，误差范围为正负 3%；或是 400 人样本，误差范围为正负 5%）。尽管本研究的样本容量巨大，但也有人指出，其容量小于许多有线新闻频道或大型网站报道的民意调查结果。这一说法有其合理之处，但大型媒体平台试图捕捉民众脉搏动向，通常存在一个致命的缺陷，那就是它们只问一个问题。这些"脉动接受者"的目标在于确定数百万人对某个政治候选人、某一时事热点、某个产品的看法，甚至是谁能在《美国偶像》上崭露头角。这些仅由一个问题构成的民意调查几乎永远以松散结合的美国人群体为调查对象。这些调查无法解释我们的观点与特定社会子集（例如年龄、性别或性取向与我们相仿的人）形成对立的原因。

本研究与单问题民意调查完全不同。在我们最为密集的数据采集阶段——2011 年 4 月至 2011 年 11 月——受访者平均完成了近 100 个问题，超过半数的受访者至少完成了 65 个问题；10% 的受访者实际回答了 170 多个问题，其中一位 36 岁的已婚全职女性回答了 670 个问题！这一样本容量总计为 1300 个不同层面的问题提供了 170 万调查答卷。

因此，根据两个决定性标准——问题数与受访者人数——本调查提供了空前丰富的数据资源，尤其是相较于其他广为引用的有关人们爱情生活的研究。大规模系统化性行为研究始于 20 世纪 30 年代至 40 年代，阿尔弗雷德·金赛（Dr. Alfred Kinsey）博士和他的研究团队进行了 12 000 次访谈。20 世纪 70 年代，《海蒂性学报告（女人卷）》（*The Hite Report on Female Sexality*）对女性性行为做出重要的全新解读，该报告基于 4 000 名女性样本（总计发出 10 万份问卷），采用三种不同问卷版本，其中最长的问卷仅囊括 63 个子项。其他知名的调查项目包括芝加哥大学研究人员在 20 世纪 90 年代对大约 3 500 名美国成年人进行的随机抽样调查，以及 2009 年印第安纳大学研究人员对 6 000 名受访者进行的另一项随机抽样调查。这两项调查主要关注个体性生活的解读。安全套制造商杜蕾斯也想与学界分一杯羹，并于 2008 年发起杜蕾斯性健康全球性调查，该调查由 26 个国家的 26 000 名成年人完成。

　　本研究与其他研究的根本区别在于：本研究在性行为之外还深入探寻了婚姻活动的众多不同侧面。

　　在调查中，我们可以看到调查比例的百分比，也能发现不同群体之间的态度、行为和信仰层面的差异。在这些问题上，我们报告了样本中所发现的显著差异或差异弥合现象。但需要理解的是：我们无法使用这些数据来明确地指向总体人群的差异。我们的所有结论均基于对问卷作答者的信息采集。但在许多情况下，我们的调查结果与更大人数规模的研究结果一致。因此，我们在提及这些研究结果时更有信心了。

　　同样值得一提的是，随机抽样已成为黄金标准。如今，越来越多的正统民意调查显示，受访者的回复率正逐步下降，而且调查方法五花八门，这在很大程度上是由于通过固定电话、手机或互联网与潜在受访者取得联系变得更加困难。真正的随机样本变得越来越难以捉摸。更为困难的是，我们很难定义某个样本究竟具有多大的群体代表性。

　　由下表可知，本研究的受访者在一些关键层面与美国人口普查局（Bureau of Census）所测定的美国人口存在差异。研究测试中有更多的女性，年龄更小，其中有更多数量的白人，而拉丁美洲裔人数量则更少，却比美国总人口拥有更高的受教育水平。这仅是一项普通的抽样调查——毕竟，某些类型的人群被问卷和民意调查所吸引的可能性更大。

《幸福婚姻的秘密》样本与美国成人人口之比较

	美国 2010 年 人口普查样本	《幸福婚姻的秘密》 研究样本
性别		
男性	48.5%	32.1%
女性	51.5%	67.9%
年龄		
18～24 岁	13.0%	16.6%
25～34 岁	17.5%	27.4%

	美国 2010 年人口普查样本	《幸福婚姻的秘密》研究样本
年龄		
35～44 岁	17.5%	20.0%
45～54 岁	19.2%	19.3%
55 岁及以上	32.8%	16.7%
种族		
白种人	72.4%	88.9%
非白种人	27.6%	11.1%
拉丁美洲裔人	16.3%	6.4%
非拉丁美洲裔人	83.7%	93.6%
受教育水平（25 岁及以上）		
未取得大学文凭	64.3%	36.0%
大专或本科学历	25.3%	37.0%
研究生及专业学历	10.4%	27.0%

　　抽样问题是本研究大多数数据结果依据特定人口统计群体进行汇报的主要原因。虽然我们的样本中某些群体的比例更高或更低，从而导致失衡现象，但当我们聚焦的是组内研究结果时，这一问题也就不那么重要了。

　　这也引发出最后一个重要的方法论观点。即使是在一个特定的人口统计子集中——比方说，年龄在 35 岁到 44 岁之间且拥有学士学位的已婚女性——我们的样本与总体人群之间也会有其他显著差异。请记住，如前文所提及的，对话题的兴趣是参与调查的强有力预测因素。我们可以合理地推断，年龄介乎 35 岁至 44 岁之间、拥有学士学位且接受过本书问卷调查的美国已婚女性比那些背景相似却选择不参与调查的女性更为关注她们的婚姻质量。

　　因此，这一潜在的抽样偏差会造成结果的偏颇吗？其实不然。你也许已经注意到有关选举的调查往往是基于"潜在"的选民样本；这又是为何呢？假如你想要预测某轮选举结果，你最感兴趣的是调查那些有可能投票的人。如果本研究的样本中涵盖了对自身婚姻质量尤为感兴趣的人，这并不是问题，而是一件好事。这仅仅意味着我们的受访对象和此刻正在阅读本书的你一样。